CHAKRAS Guérir et Rééquilibrer *vos énergies*

Ouvrages du même auteur :

- ***Manuel Pratique du Magnétisme*** (éditions Exclusif)
  30 planches pratiques d'imposition

- ***Réflexologie : initiation pratique*** (éditions Exclusif)
  Supprimer toutes vos douleurs par le massage des zones réflexes des pieds et des mains

- ***Soulager vos douleurs grâce aux aimants*** (éditions Exclusif)
  Mal de dos - Rhumatisme - Maux de tête - Fatigue - Rides

- ***Manuel Pratique des Mudrâs*** (éditions Exclusif)
  La gestuelle énergétique de guérison

Éditions **Exclusif**
60, avenue Charles-de-Gaulle
92200 Neuilly-sur-Seine.
Tél. et Fax. : 01.46.43.09.24.
E-mail : exclusif.edit@wanadoo.fr

Imprimé en France

I.S.B.N. : 978-2-8489-1050-5

Clémence Lefèvre

CHAKRAS
Guérir et Rééquilibrer *vos énergies*

Editions EXCLUSIF

AVANT-PROPOS

RECRÉER L'UNITÉ EN SOI

Depuis plusieurs décennies, on note un intérêt grandissant pour les philosophies orientales. Et, si nous ne pratiquons pas nous-mêmes, nous avons tous un proche qui s'adonne à la méditation, à la relaxation, au yoga. Un ami qui fait za zen ou allégeance devant la photo d'un maître oriental avant chaque séance de Qi Gong ou de Taï chi. Une copine qui ne jure que par le Feng Shui ou vous impose la cérémonie du thé en lieu et place de la traditionnelle tasse de café. Mais quelle est donc la raison de cet incroyable succès ?

Quels que soient nos exploits scientifiques, ceux-ci nous laissent sur notre faim lorsqu'il s'agit d'expliquer les mystères de la vie. C'est à ce moment que les philosophies orientales – et les arts qui en découlent – arrivent à notre rescousse.

En effet, toutes ces thérapies possèdent un point commun : **elles sont basées sur un système holistique qui prend en compte tous les aspects de l'être, c'est-à-dire l'esprit, le corps et la spiritualité**.

Chakra, aura, corps subtils, corps éthérique : autant de termes qui peuvent sembler mystérieux, voire ésotériques, pour le commun des mortels. Ces mots sont tellement utilisés à toutes les sauces qu'ils en perdent leur signification profonde et ne sont plus pris au sérieux.

UNE VULGARISATION LAPIDAIRE ET TRÈS RÉDUCTRICE

Le Nouvel Âge a pris sa place dans notre société et nous a permis de faire connaissance avec différents concepts étrangers à notre culture occidentale. Toutefois, la popularité même de cette vague et sa commercialisation ont parfois entraîné une simplification extrême des concepts entourant les termes mentionnés précédemment, dans le but de les rendre accessibles à tous.

L'idée n'est pas mauvaise en soi, malheureusement, certaines personnes ont résumé de façon trop lapidaire un concept qui mérite infiniment plus d'égards.

Lorsque nous simplifions un concept, que nous le vulgarisons pour le rendre accessible à tous, il faut agir avec prudence et s'assurer que tous les éléments pertinents y sont contenus.

Ainsi, **les termes aura, corps subtils et chakras sont indissociables** : ils font partie d'un tout qui se réfère au monde éthérique. Lorsque nous abordons ces concepts, nous quittons le monde physique pour aborder le monde de l'énergie. Mais encore là, il faut nuancer, car nous ne quittons pas vraiment le monde physique, nous nous penchons simplement sur un autre aspect de notre corps, une facette imperceptible à première vue.

Je dis à première vue, parce qu'il est possible, avec un peu de persévérance, de percevoir l'aura, de ressentir l'énergie surgir dans les chakras et d'effectuer des changements dans notre corps physique sans pour autant aller vivre dans un monastère bouddhiste ou une grotte de la Sainte Baume.

HISTORIQUE DE LA RUPTURE ENTRE NATURE ET CULTURE

Notre civilisation occidentale traite toutes ces parties séparément, laissant à différents experts le soin d'expliquer chacune d'elles.

Sur le plan historique, c'est à la fin du Moyen Âge que cette coupure s'est effectuée : une véritable rupture entre nature et culture dans laquelle l'homme s'est efforcé de nommer et de comprendre le monde physique dans lequel il évoluait. Cette rupture s'est avérée utile pour comprendre certains phénomènes physiques et pour faire évoluer la science, sans que celle-ci soit complètement étouffée par les préceptes du christianisme.

Malheureusement, en scindant ainsi le corps et l'esprit, une certaine façon de voir les choses a aussi été mise en avant, donnant à l'esprit une préséance sur le corps qui était jugé impur parce qu'il était affligé de maux et sujet à la corruption. L'influence des traditions judéo-chrétiennes y fut d'ailleurs pour beaucoup et, encore à ce jour, elle marque notre pensée.

Notre système médical traite les symptômes des maladies, **mais rarement l'être au complet**. S'entendre dire que notre maladie est d'origine psychosomatique équivaut à se faire dire que nous avons un mal imaginaire.

PHYSIQUE DES QUANTA ET PERSPECTIVE HOLISTIQUE

Heureusement, le contact grandissant avec les traditions de l'Orient et le développement de nos sciences, notamment la physique des quanta, nous permettent aujourd'hui de voir les choses dans une perspective holistique et de colmater cette brèche afin de réunir en un tout notre esprit, notre corps et notre spiritualité.

En effet, tout dépend d'un détail relativement simple : il faut changer sa perspective et voir son être dans son entier, comme un tout, et cesser de diviser l'esprit, le corps et le psychisme comme s'ils existaient séparément.

Ces trois parties de nous sont indivisibles et nous ne pouvons vivre harmonieusement sans en tenir compte.

Cela dit, ce livre ne se veut pas un ouvrage exhaustif. C'est un guide pratique, un guide de travail pour une meilleure compréhension des chakras et de **leur incroyable pouvoir de guérison quand ils sont en harmonie.**

Puisse sa lecture vous permettre de prendre conscience de ces énergies qui traversent votre corps et vous apprendre à ouvrir et vivifier vos chakras afin d'accéder à un niveau de conscience supérieur, de recréer l'unité en vous et de rééquilibrer vos énergies pour vivre heureux et en santé.

Votre Guide et amie

Clemence Lefevre

PREMIÈRE PARTIE

L'ÉTAT DES LIEUX

Avant de découvrir la véritable nature de nos chakras puis de les visiter individuellement dans la deuxième partie de ce livre, nous allons faire ensemble, l'état des lieux. Définir ce qu'est l'énergie et quelles sont ses lois fondamentales. Découvrir comment elle rayonne autour de nous grâce à ce champ péricorporel ou bioplasmique plus connu sous le nom d'aura. **Une aura qui possède 7 couches ou corps subtils dont l'importance est essentielle pour notre santé**. À noter si la comparaison avec ce bulbe que **Victor Hugo** nommait ***l'âme de la terre***, est hardie, elle n'a pas échappé à certains initiés du XVIIIe siècle qui fondèrent un culte "les adorateurs de l'oignon" vénérant précisément notre corps spirituel. Enfin, nous conclurons cette première partie par un survol des techniques et médecines douces qui nous permettent de revitaliser nos chakras afin qu'il captent l'énergie extérieure, la transforment et la diffusent afin de créer cet état d'harmonie que l'on nomme : Santé.

Chapitre 1

LES 4 GRANDES LOIS DE L'ÉNERGIE

Les chakras sont à la fois des portes et des centrales d'énergie aussi, pour comprendre leur rôle, il est essentiel de définir ce qu'est l'énergie, quelles sont ses lois, ses principes et comment elle agit sur tout ce qui existe.

La physique moderne peut nous éclairer sur ce point en examinant la nature de la matière. Nous savons tous que du plus petit caillou à la planète entière, en passant par les plantes, les mers, les volcans, les animaux et, bien sûr, les êtres humains, tout l'Univers est constitué d'atomes.

Les atomes sont de minuscules particules matérielles qui contiennent une charge électrique immatérielle, positive ou négative, constituée par les électrons.

Un champ électromagnétique

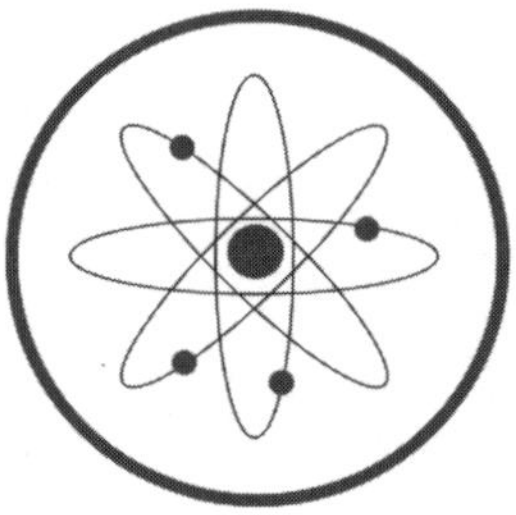

Les électrons exécutent sans cesse, autour du noyau de l'atome, des trajectoires fermées semblables à celles des orbites qu'exécutent les planètes autour du soleil. En fait, **chaque atome est un mini-système solaire et chaque être humain a des centaines de milliards d'atomes.** De plus, parce qu'ils sont toujours en mouvement, les électrons vibrent à des taux variables, selon leur vitesse, et produisent ainsi un champ électromagnétique qui représente une force qu'on appelle **énergie**.

● L'énergie est invisible, inodore, incolore, impalpable et, pourtant, elle est la force de laquelle l'Univers est issu, dont il est composé.

● L'énergie produit toutes les matérialisations, qu'il s'agisse des forêts, du sable, des plantes, des animaux, des hommes : bref, tout ce qui est matériel. Elle est responsable des forces telles que le vent, la foudre, les saisons, les éruptions volcaniques, les marées.

● L'énergie génère aussi les émotions : l'amour, la haine, la joie, la peur, l'angoisse, le bonheur...

● L'énergie éveille également la vie, la colore, l'active, l'anime et la stimule. Par conséquent, lorsqu'il y a un manque d'énergie, la vie paraît fade, insipide, terne et ennuyeuse.

● Il n'existe pas de vie sans énergie, mais il existe des degrés d'énergie, des niveaux qui fluctuent en nous et en tout ce qui est vivant, ce qui crée des états différents tant chez les humains que chez les animaux ou les plantes.

Les chakras étant les portes d'entrée et les réservoirs de l'énergie, nous allons voir comment certaines techniques permettent d'optimiser sa réception et d'en tirer le meilleur parti possible.

Mais, pour cela il faut connaître les lois qui régissent cette énergie. Comment ne pas en abuser, mais, aussi, comment ne pas la négliger. En effet L'énergie grâce à laquelle nous vivons, nous respirons, nous évoluons, nous nous déplaçons, est une force qui ne doit pas être traitée à la légère. Elle est l'essence même de la vie et, à ce titre, elle mérite tout notre respect.

1. TOUT VIBRE DANS L'UNIVERS MAIS PAS À LA MÊME VITESSE

● Certaines choses vibrent à très basses fréquences, les rendant facilement perceptibles au commun des mortels.

● D'autres ont un taux vibratoire plus élevé et ne sont perçues que par quelques personnes.

● D'autres encore dépassent la perception des sens de l'humain le plus évolué.

L'être humain ne fait pas exception à la règle. Nos émotions, en interaction avec celles des personnes que nous côtoyons, influencent l'harmonie de nos chakras et, par conséquent, l'état de notre corps physique.

Les chakras sont au corps ce que la dynamo est à la voiture. **Ils génèrent toute l'énergie essentielle à l'homme pour assurer son existence physique, mentale et spirituelle et la survivance de son âme dans l'au-delà.**

Du niveau le plus élémentaire, celui du réflexe et de la survie, jusqu'au niveau le plus élevé, celui de l'illumination et de la transfiguration, l'homme possède sept centres vitaux qui rendent possible une vie harmonieuse et équilibrée. Tout cela est une question de vibrations. C'est la qualité des vibrations émises par l'être humain qui permet l'harmonie et l'équilibre.

LE CONTRÔLE DE NOS ÉMOTIONS

La qualité de nos vibrations passe par un contrôle de nos émotions. Cela ne veut pas dire que nous devons chercher à les réprimer ; au contraire, nous devons apprendre à les connaître ainsi qu'à reconnaître les effets qu'elles ont sur notre santé morale et physique.

Par exemple, si nous nous laissons envahir par la peur, la haine ou la colère, nous émettrons des vibrations négatives qui pourront provoquer des perturbations et du désordre dans un ou plusieurs chakras. Ces désordres sur le plan de l'énergie engendrent à leur tour des malaises, voire des maladies.

Si, par contre, nous émettons des vibrations de joie et de plaisir, nous favorisons le bon fonctionnement de l'ensemble de notre corps, tant sur le plan physique que moral, et nous permettrons à l'énergie de circuler librement en nous, afin de nous nourrir et de nous fortifier.

2. NON SEULEMENT L'ÉNERGIE VIBRE MAIS ELLE DOIT AUSSI CIRCULER

Circuler veut dire bouger ; cela implique donc du mouvement, aussi infime soit-il. Il faut comprendre que tout ce qui est immobile finit par devenir stagnant, et tout ce qui stagne se corrompt et se défait.

Bien sûr, il y a de nombreuses façons de bouger, mais toutes impliquent un déplacement vers l'avant ou l'arrière, la gauche ou la droite, le haut ou le bas...

L'important, c'est de toujours exercer un mouvement engendré par des pensées positives ; toute pensée, toute parole, toute émotion ou tout acte négatif peut engendrer un blocage tout aussi néfaste que l'inertie.

3. L'ÉNERGIE AGIT COMME UN BOOMERANG SELON LE PRINCIPE ACTION/RÉACTION

Chacun de nos actes, chacune de nos paroles, de nos pensées et de nos émotions engendre des vibrations qui ressemblent aux ondes provoquées par un caillou lancé dans l'eau : des vagues.

Dès que nous lançons ces cailloux, ils circulent dans l'atmosphère et rejoignent d'autres vagues, faites par d'autres personnes. Le choc qui en résulte est parfois heureux, parfois catastrophique ; mais invariablement, la vague revient toujours à son point de départ. L'émetteur reçoit le contrecoup de ce qu'il a projeté.

Si la pensée émise dans l'atmosphère est une pensée de haine, son émetteur récoltera, tôt ou tard, ce qu'il a semé, c'est-à-dire de la haine.

Nous oublions souvent que les émotions et les pensées ont la même qualité énergétique que les actions et pourtant... la force d'une émotion puissante peut produire autant d'énergie qu'un geste physique.

Tous les mots et gestes d'une personne ont des conséquences et la loi du boomerang est là pour veiller à ce qu'elle assume ses responsabilités, tant pour le bien que pour le mal qu'elle a commis.

4. LE PRINCIPE DE L'ÉCHO OU LOI DE RÉSONANCE

Selon cette loi, l'énergie d'un certain type attire immanquablement une énergie de même type, qui a la même qualité de vibration.

Plus simplement, disons que chacun de nous attire ce qu'il dégage. Mais attention, cet énoncé est valable tant pour les bons que pour les mauvais sentiments.

Pour vérifier le phénomène de résonance, posez une guitare sur une chaise ou une table et mettez-vous à chanter : à un certain moment, la guitare va émettre des sons, des vibrations.

L'explication en est simple : certaines des notes que vous chantez sont forcément sur la même fréquence que celles des notes des cordes de la guitare. Puisqu'elles sont exactement sur la même fréquence vibratoire, les cordes vibrent d'elles-mêmes et donnent des sons. Elles répondent à notre message vibratoire. La guitare et vous-même résonnez de la même manière. Cela s'appelle "se mettre en syntonie" ou encore être sur la même longueur d'onde.

Dans la vie courante, quand tout va bien : c'est merveilleux ; mais ça l'est beaucoup moins quand les ondes dégagées sont des ondes de désespoir, de destruction ou de maladie.

Lorsque nous sommes malades, que nous ressentons un malaise, que nous sommes déprimés, nous ne sommes pas sur la même longueur d'onde que l'Univers et nous devons nous mettre en syntonie afin de nous rétablir.

En fait, toutes les thérapies qui visent le rétablissement de la santé physique ou mentale travaillent à harmoniser les vibrations du corps pour qu'il soit en mesure d'abord de résonner à la même fréquence que celle du monde environnant. Leur but est de se mettre en syntonie, peu à peu, avec le monde spirituel, le cosmique, le divin.

Le phénomène de résonance ne tient nullement compte des bonnes intentions ou de ce qui peut paraître juste ou injuste : **il ne tient compte que de la qualité vibratoire**.

L'énergie est donc régie par des principes ou des lois relativement simples. Nous verrons comment nous pouvons mettre en pratique ces principes en nous servant de nos chakras. Mais avant, nous devons d'abord examiner ce champ péricorporel que l'on nomme aura et les 7 enveloppes ou corps subtils qui la composent.

Chapitre 2

L'AURA ET LES CORPS SUBTILS

DANS le système hindou, chacun des chakras principaux est rattaché à une enveloppe spécifique qui reproduit fidèlement le corps et les organes.
Ces 7 enveloppes ou corps subtils forment l'aura. Penchons-nous donc, en premier sur cette notion d'aura qui a fait couler tellement d'encre avant de se faire tirer le portrait par le couple **Kirlian**, en 1939.

L'aura, dont l'origine latine signifie : *souffle d'air* est, en effet, décrite par toutes les traditions, peinte sur toutes les icônes. Pourtant, chacun donne à ce halo lumineux qui nous entoure, un sens et des noms différents

● L'Église lui donne le nom d'âme et la représente picturalement par une auréole, qui couronne de lumière la tête des saints.

- Les occultistes parlent de corps subtil ou de corps éthérique.
- Les savants la désignent sous le nom de champ bio-énergétique.

LE CODE DES MÉDIUMS

Les médiums ont, de tout temps, affirmé qu'ils voient, autour des individus, un halo coloré qui permet de définir les états d'âme et de santé de ceux qu'ils observent. Certains tentèrent même de codifier leurs visions pour être plus crédibles. Selon eux :

- Les personnes colériques ou très nerveuses virent facilement au rouge incandescent.
- Ceux qui ont des dons de guérison sont entourés d'un halo vert.
- Ceux dont l'évolution spirituelle est au zénith possèdent une aura blanche et brillante comme l'auréole des saints.
- Les contemplatifs se la jouent bleu tendre…

COMMENT VOIR VOTRE AURA

Asseyez-vous, dans une pièce close, éclairée seulement par une bougie, face à un mur blanc contre lequel vous installerez une glace en pied. Soulevez lentement votre bras gauche et écartez bien vos doigts. Regardez attentivement, vous allez voir apparaître dans le miroir, entre vos doigts écartés, un voile lumineux et légèrement coloré. Recommencez 8 jours de suite cet exercice et vous allez, progressivement, découvrir votre aura par pans entiers. Dans moins d'un mois, vous percevrez ce sac ovoïde qui vous enveloppe de la tête aux pieds.

AURA ET EFFET KIRLIAN

1939. Semyone Kirlian, un électricien russe, faisant équipe avec son épouse **Valentina**, découvre fortuitement, en travaillant sur des appareils à haute fréquence, que des efflorescences lumineuses apparaissent autour des corps vivants. Le couple fait des milliers de photos, publie des communiqués, multiplie les contacts avec les chercheurs. Toutefois, leur trouvaille dort dans les tiroirs, jusqu'à la fin de la deuxième guerre mondiale.

1946, c'est l'année où explose comme une bombe, ce que l'on nommera : **L'Effet Kirlian.**

L'aura, que les Russes nomment alors corps-énergie ou corps bio-plasmique existe bien puisqu'on peut la photographier, mais, peut-on avancer l'hypothèse que les photos Kirlian confirment les visions de l'aura décrites par les médiums et les traditions ésotériques ? Douteux !

En effet, que voit-on sur un cliché Kirlian : des couleurs (très vagues), des filaments lumineux, des taches obscures mais rien qui, de près ou de loin, ressemble à ces halos de couleurs vives et tranchées dont parlent les médiums ou même des initiés.

Le seul rapport entre cette découverte scientifique et la vision ésotérique de l'aura, c'est de démontrer qu'il existe quelque chose autour de nous et... ce n'est déjà pas si mal...

Je me contenterai de citer brièvement les 7 couches de l'aura, les fameux corps subtils, car j'y reviendrai dans le chapitre dédié à chaque chakra.

1. LE CORPS PHYSIQUE

Il est relié au chakra de la base et sert de point d'ancrage à notre corps physique.

2. LE CORPS ÉMOTIONNEL

Il est relié au chakra des organes sexuels. Sa structure est plus fluide car elle suit le cours de nos émotions.

3. LE CORPS MENTAL

Relié au chakra du plexus solaire, sa fréquence est plus élevée. Il est associé aux pensées et processus mentaux.

4. LE CORPS ASTRAL

Relié au chakra du cœur, il forme un pont entre le matériel et le spirituel et les trois enveloppes précédentes.

5. LE CORPS ÉTHÉRIQUE

Relié au chakra de la gorge, il sert de gabarit au corps éthérique qui, lui-même, sert de modèle au corps physique.

6. LE CORPS CÉLESTE

Il est relié au troisième œil. Il correspond aux émotions spirituelles, mystiques et religieuses.

7. LE CORPS CAUSAL

Reliée au chakra de la couronne (la tête), cette enveloppe apparaît comme un œuf de lumière dorée et comporte tout ce que nous sommes et tout ce que nous avons été.

LES 7 CORPS SUBTILS DE L'AURA

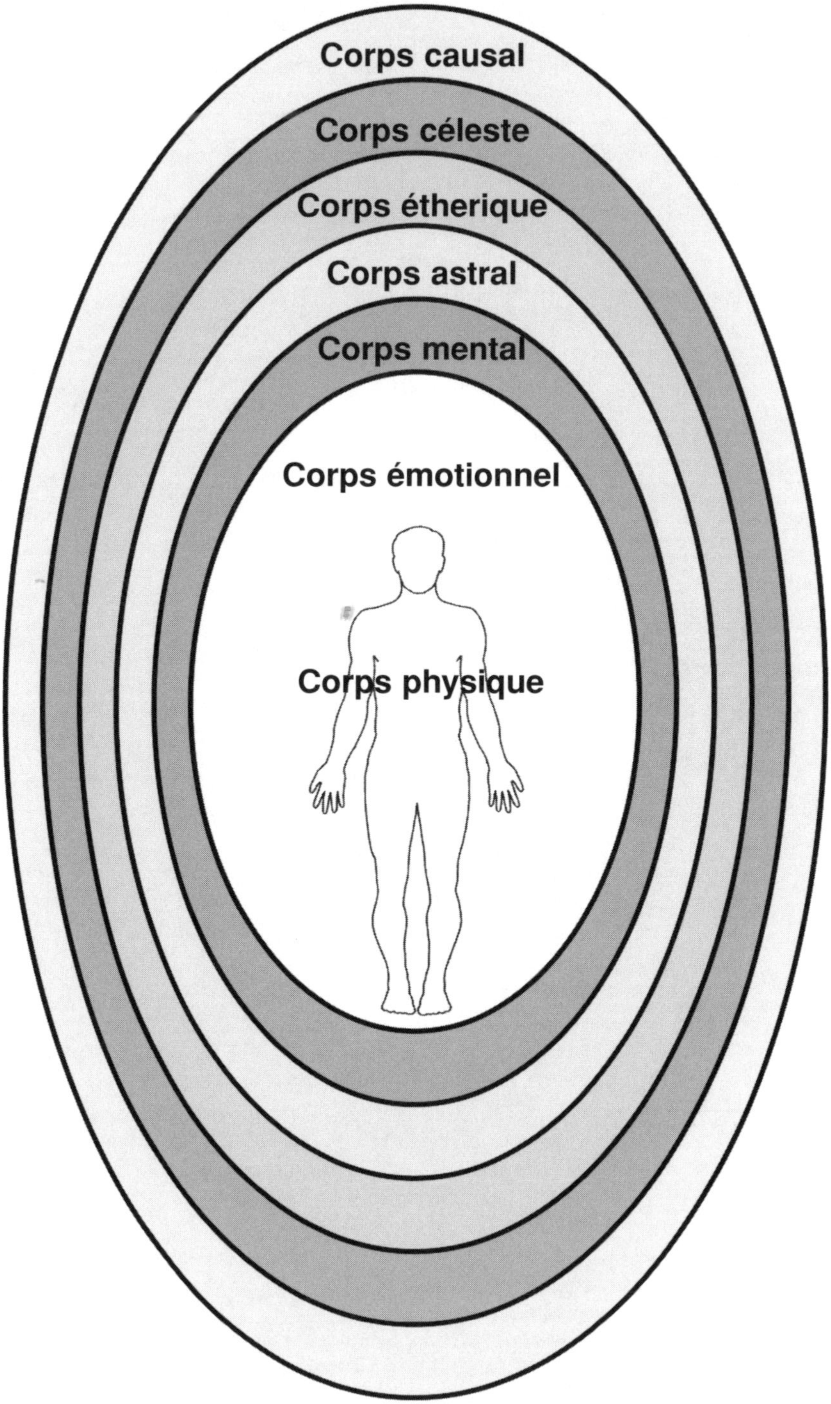

Chapitre 3

LA VÉRITABLE NATURE DES CHAKRAS

CHAKRAS est un mot sanscrit, signifiant ***passage***. Les chakras sont donc les passages énergétiques permettant aux énergies et vibrations de passer d'un corps à l'autre. Chaque chakra a une énergie et une vibration spécifique suivant sa fonction.

Ces centres de transformation de l'énergie venant de l'extérieur, canalisent les énergies à travers l'organisme vers l'axe central formé par la colonne vertébrale, du sommet du crâne au coccyx.

Il existe 72 centres énergétiques ou chakras dans le corps humain. Mais pour guérir et rééquilibrer vos énergies, nous allons principalement regarder "à la loupe" les **7 chakras principaux**, ceux qui ont une réelle incidence sur votre santé, physique et mentale.

LES 7 PRINCIPAUX CHAKRAS DU CORPS HUMAIN

7ème Chakra Racine
Conscience
Intelligence

6ème Chakra Frontal
Intuition
Clairvoyance

5ème Chakra Laryngé
Communication
Pureté

4ème Chakra Cardiaque
Équilibre
Spiritualité

3ème Chakra Solaire
Volonté
Pouvoir

2ème Chakra Sacré
Sexualité
Contrôle de soi

1er Chakra Périnée
Énergie
Vitalité

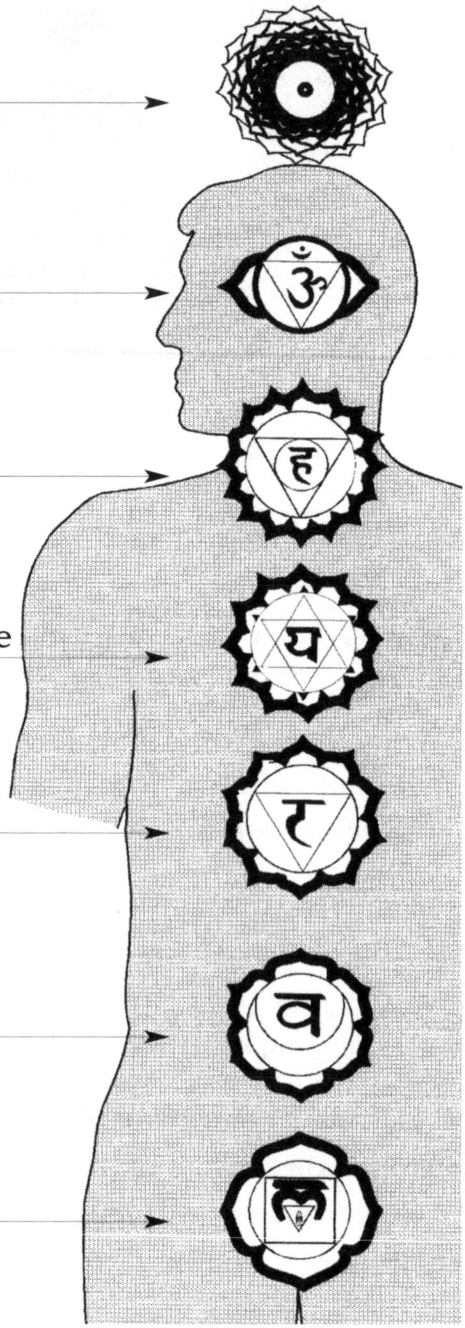

Les chakras ou centres d'énergie, sont situés dans le corps d'énergie qui entoure l'être humain, et non directement dans le corps physique. Ils sont reliés aux glandes endocrines. Vous pouvez vous les représenter comme des spirales, ou des roues de lumière, qui tournent dans le sens des aiguilles d'une montre.

Cette quantité d'énergie est analogue à votre niveau de conscience ou d'évolution. Plus le niveau de conscience est grand, plus on a intégré son expérience physique et spirituelle, plus on est apte à maîtriser l'ouverture des chakras, leur développement harmonieux et la circulation des énergies

LA COULEUR DES CHAKRAS

Les chakras ont chacun une couleur dominante qui correspond à leur fréquence vibratoire. Ces couleurs traversent les chakras par vagues plus ou moins nettes ou puissantes, montrant au clairvoyant l'état mental de l'homme à un moment donné.

Les couleurs les plus matérielles vont du rouge au noir en passant par les bruns et les marrons.

Les couleurs les plus spirituelles : or, argent, violet, en passant par les bleus, les jaunes, le vert étant par exemple la couleur de l'altruisme.

Les 7 chakras principaux sont reliés les uns aux autres et superposés le long du ***sushumnâ***, le plus important canal à l'intérieur duquel circulent les énergies physiques et psychiques de l'homme, le long de l'arbre de la colonne vertébrale, du bas du dos jusqu'au sommet de la tête.

Les diverses techniques proposées dans ce livre consistent à éveiller ou réveiller chacun de ces chakras, pour guérir et rééquilibrer vos énergies.

CE QUI DÉSÉQUILIBRE VOS CHAKRAS

Extrêmement sensibles, les chakras sont principalement affectés par des agressions extérieures, telles que le bruit, la saleté corporelle, d'où la nécessité de lutter contre les décibels et d'avoir une hygiène mentale et corporelle irréprochable. Ils comprennent une membrane énergétique qui est détruite par l'absorption de produits, principalement : la drogue, le tabac, l'alcool. Les deux premiers étant à bannir absolument et totalement pour une bonne spiritualité.

Les chakras étant les passages entre tous les corps que nous possédons, ils sont présents dans tous ces corps, s'adaptant énergétiquement et vibratoirement au corps dont ils font partie.

Au fur et à mesure que nous travaillons nos chakras et prenons conscience de leur présence, ils s'éclaircissent, s'ouvrent, deviennent lumineux et augmentent leur brillance : ils prennent un peu de la merveilleuse beauté de *l'autre côté*, dont ils font parvenir la lumière jusqu'à notre physique.

LES CHAKRAS LE LONG DU SUSHUMNÂ

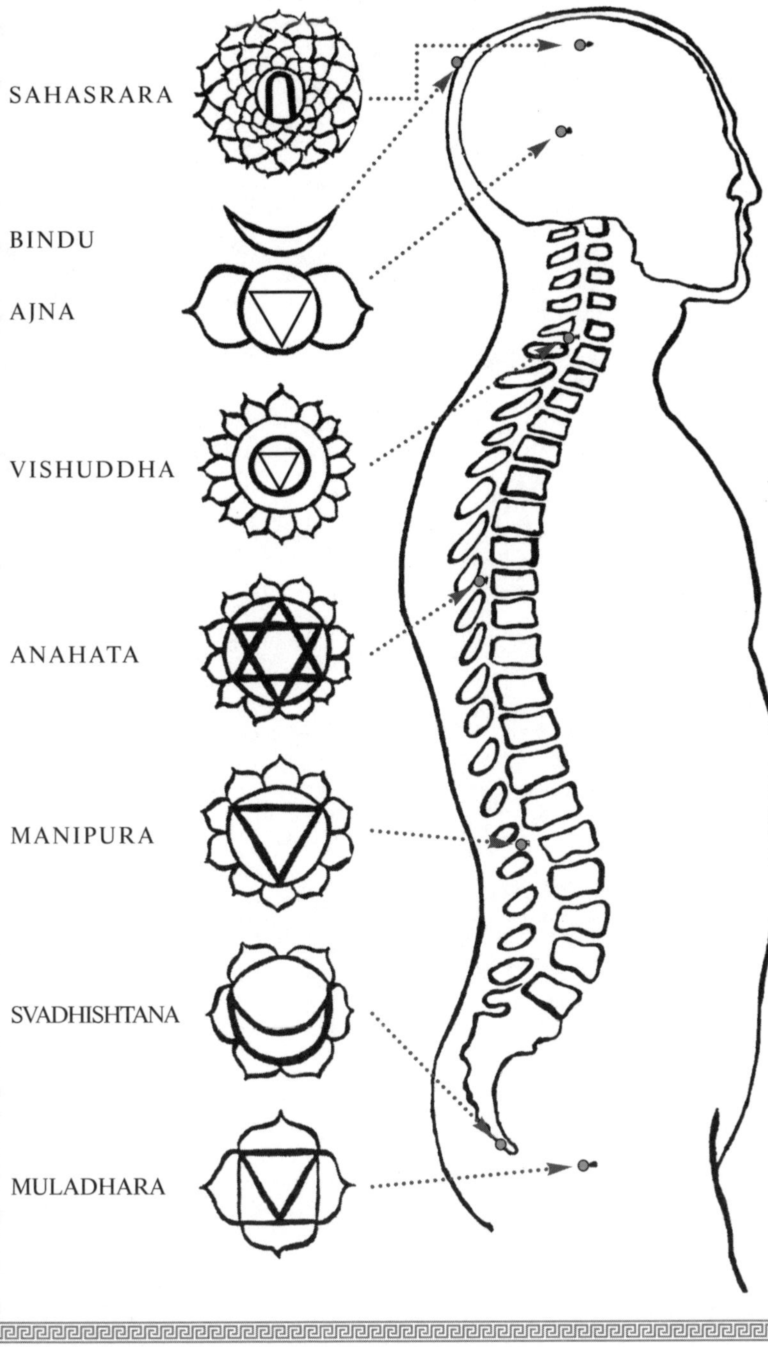

Chapitre 4

LES TECHNIQUES POUR REVITALISER VOS CHAKRAS

Il existe une multitude de thérapies qui font intervenir la notion de chakras. Dans les fiches consacrées aux 7 chakras principaux je vous ai délivré les éléments pratiques de celles qui n'exigent pas l'intervention d'un tiers comme le massage ou l'acupuncture et ses dérivés et de celles qui sont les plus faciles à appliquer, seul et dans l'urgence à savoir

- La chromothérapie.
- La lithothérapie.
- La phytothérapie.
- L'aromathérapie.
- La florithérapie.
- Le magnétisme et le reiki.
- La méditation et les postures.
- Les mantras et la musicothérapie

La chromothérapie

Les couleurs jouent un rôle important sur notre physique comme sur notre mental. Les hôpitaux, les crèches, les cantines scolaires en tiennent compte.

La chromothérapie (qui n'est pas née d'hier mais il y a des millénaires, au Tibet), est désormais enseignée dans plusieurs facultés de médecine. Elle a retrouvé ses lettres de noblesse.

Vous trouverez dans chacune des fiches chakras, les couleurs susceptibles d'harmoniser un chakra déficient et la manière de les utiliser.

Mais, voici un exercice plus général qui vous permettra de retrouver la forme globalement et sans "diagnostic" préalable.

VISUALISATION DES 8 COULEURS

Cet exercice de visualisation des 8 couleurs utilisées par les chromothérapeutes, vous apporte le même bien-être que si vous repeigniez votre appartement !

Allongez-vous confortablement, le dos droit, les bras le long du corps.

- Respirez normalement et faites le vide mental.
- Choisissez une des 8 couleurs proposées ci-contre.
- Fermez les yeux et visualisez bien cette couleur.
- Inspirez et visualisez la couleur en train de pénétrer dans votre corps par votre plexus solaire. Elle s'étale. Elle se répand et se glisse sous votre peau.

LES 8 COULEURS À VISUALISER

LE ROUGE

Pour renforcer l'énergie, la sexualité et la volonté.

Expirez en vous concentrant sur la couleur rouge.

L'ORANGE

Pour induire la joie, le bonheur, la gaieté.

Expirez en vous concentrant sur la couleur orange.

LE JAUNE

Pour améliorer la concentration et l'acuité intellectuelle.

Expirez en vous concentrant sur la couleur jaune.

LE VERT

Pour purifier et équilibrer les énergies.

Expirez en vous concentrant sur la couleur verte.

LE TURQUOISE

Pour lutter contre les inflammations et la fièvre.

Expirez en vous concentrant sur la couleur turquoise.

LE BLEU

Pour la relaxation et lutter contre les insomnies.

Expirez en vous concentrant sur la couleur bleue.

LE VIOLET

Pour favoriser la dignité et exalter la beauté.

Expirez en vous concentrant sur la couleur violette.

LE MAGENTA

Pour oublier les images, pensées et obsessions.

Expirez en vous concentrant sur la couleur magenta.

La Lithothérapie

L'UTILISATION des minéraux est issue de la médecine hindoue des védas. Chaque pierre vibre et émet un rayonnement, différent de celui des autres. Ce rayonnement en interaction avec celui de notre corps, crée des champs d'énergie qui demeurent encore mystérieux : la science en découvre chaque jour de nouveaux effets sans parvenir à les connaître entièrement.

La lithothérapie n'est pas seulement une médecine douce, en plus de ses applications curatives, **la puissance des pierres peut aussi servir au renforcement général de l'énergie spirituelle et mentale**. Ce qui rejaillira aussi sur l'énergie physique. Porter telle ou telle pierre nous régénérera, nous remettra en forme à tous points de vue.

DES TOURBILLONS VIBRATOIRES

Les chakras étant avant tout des distributeurs d'énergie, des roues étincelantes, des tourbillons vibratoires, ils correspondent aux couleurs thérapiques des pierres et à leurs vertus particulières. Ils nous mettent en relation avec l'inépuisable vigueur des puissances cosmiques.

Vous trouverez, dans la deuxième partie consacrée à chaque chakra, des conseils d'utilisation des pierres pour guérir et équilibrer vos énergies.

À noter : si vous n'avez pas le moyen de vous procurer immédiatement les pierres indiquées, vous pouvez, dans un premier temps, les remplacer par un cristal brut.

LA TEINTURE DE PIERRES

LA teinture de pierre est l'une des meilleures façons de se soigner par la lithothérapie.

Il suffit de laisser une pierre tremper durant une nuit dans un bol d'eau. La réceptivité de l'eau emmagasine les propriétés vibratoires et magnétiques de la pierre.

On préférera à l'eau minérale une eau distillée déminéralisée pour laisser s'exprimer les vertus vibratoires de la pierre, sans dénaturer ce qu'on peut appeler sa "personnalité".

En la buvant au matin, on se régénère, on se fortifie ou l'on se guérit, selon le cas.

On obtient des effets à long terme en exposant l'eau contenant la pierre à la lumière lunaire, spécialement durant les nuits de pleine lune.

Les effets "coup de fouet", toniques, spectaculaires, mais moins durables s'obtiennent en exposant le bol ou le verre au soleil durant sept heures.

L'alliance des deux procédés donne de très bons résultats.

Important: on ne mélangera jamais l'eau de soleil et l'eau de lune ni deux teintures préparées avec des pierres différentes.

La Phytothérapie

LES plantes aussi, grâce à leurs vibrations, ont le pouvoir d'ouvrir nos chakras. Vous trouverez donc, dans chaque fiche chakra, les plantes guérisseuses “en correspondance”. Elles contribueront à purifier et à dynamiser vos centres d'énergie.

Vous pourrez combiner la phytothérapie, grâce à des tisanes (voir ci-dessous) : infusions, décoctions ou macérations avec l'aromathérapie et la florithérapie (voir pages suivantes)

L'INFUSION

- L'infusion convient pour les fleurs, feuilles et sommités fleuries.
- Elle consiste à faire agir de l'eau portée à ébullition sur des plantes coupées, sèches ou fraîches, entre 5 et 20 minutes.

LA DÉCOCTION

- La décoction convient aux plantes dures, aux écorces et aux racines
- Elle consiste à verser les plantes une fois que l'eau bout et à maintenir l'ébullition pendant 15 à 20 minutes.
- Il faut ensuite arrêter le feu et laisser reposer une heure.

LA MACÉRATION

- La macération, comme la décoction, convient aux écorces et racines.
- Elle consiste à mettre les plantes, sur la base d'une cuillère à soupe pour un bol d'eau, dans de l'eau froide, plusieurs heures durant.

LES RITES DE LA CUEILLETTE

Si vous cueillez vous-même vos plantes, il faut non seulement le faire avec délicatesse : sans les arracher ni les couper avec un outil rudimentaire : seuls les ciseaux d'argent sont admis, mais aussi respecter le bon moment de la cueillette.

FEUILLES ET TIGES

Si vous utilisez les feuilles ou les tiges d'une plante, vous devez la cueillir en lune croissante, le matin, après le lever du soleil, lorsque la rosée s'est évaporée.

SOMMITÉS FLEURIES

Fleurs et sommités fleuries se récoltent aussi en lune croissante. Il faut choisir la pleine floraison du végétal et le recueillir par une chaude matinée de printemps ou d'été.

GRAINES ET FRUITS

Cueillette à maturité et toujours en lune croissante. Évitez les heures les plus chaudes, celles où le soleil est à son zénith (entre 12 et 14h).

RACINES ET RHIZOMES

Si c'est la partie enterrée de la plante que vous devez recueillir, faites-le en lune décroissante et le matin avant 10 heures au soleil.

L'Aromathérapie

LE pionnier en ce domaine est le **Dr Valnet** qui a dépoussiéré cette branche de la **médecine alchimique** et l'a rebaptisée : **Aromathérapie**. Le passage par la peau (bains, massages) et l'odorat (parfum) : une autre manière d'utiliser les plantes, sous forme d'huiles essentielles pour ouvrir et dynamiser vos chakras.

LES ERREURS À ÉVITER

● **Ne confondez pas huiles essentielles et essences florales.**
Comme les fleurs de Bach (voir pages suivantes, la floritérapie) elles n'ont ni la même vocation, ni les mêmes effets.

● **Ne choisissez pas des essences de synthèse.**
Certes, elles sont moins chères et leur odeur agréable est parfois trompeuse, mais elles n'auront aucun effet sur vos chakras.

● **Une bonne huile est forcément un peu chère.**
Le producteur doit renoncer aux pesticides, herbicides et aux engrais pour obtenir un produit vraiment pur, d'où regain de travail, d'attention et rendement moindre. Mais il offre ainsi la garantie d'un produit 100 % naturel.

● **Testez votre huile essentielle.**
Les huiles essentielles de qualité doivent être rigoureusement pures. Une goutte sur un papier buvard ne doit pas laisser de trace durable en séchant. Ce petit test vous permettra de savoir si vous avez fait le bon choix.

PRÉPARATION DES HUILES ESSENTIELLES

Pour utiliser des huiles essentielles, il est impératif de les diluer.

HUILE DE MASSAGE

Pour le Corps

● Mélangez 3 à 5 gouttes d'huile essentielle dans 10 ml d'huile de support végétale, jamais animale. *Huile de pépins de raisin. Huile d'olive. Huile d'amandes douces.*

● Pour une plus longue conservation, percez une capsule de vitamine E dans votre huile de massage (1 capsule pour 10 ml d'huile préparée). Ces capsules sont en vente en pharmacie.

Pour le visage

● Mélangez 3 gouttes (maximum) d'huile essentielle pour 10 ml d'huile de support. ***Huile de rose musquée du Chili. Huile de germe de blé. Huile d'avocat.***

DANS LE BAIN

● Dans une tasse de lait en poudre, ajoutez les huiles essentielles et diluez le tout dans le bain.

● En vaporisation, on compte 10 gouttes pour 120 ml d'eau pure (visage) et 30 gouttes pour 120 ml d'eau pure (corps).

POUR L'ATMOSPHÈRE

● 4 gouttes d'huile essentielle sur l'ampoule d'une lampe allumée suffiront à purifier un lieu et à agir sur le chakra à revitaliser

La florithérapie

NOTRE état psychique, nos émotions et nos pensées négatives influent profondément sur notre bien-être et sur nos chakras. Notre mode de vie et les progrès de la science nient malheureusement trop souvent cette évidence et considèrent que tous nos maux ont une origine uniquement extérieure et seulement physique.

Le **Docteur Edward Bach** découvrit, au début du vingtième siècle, que certaines maladies étaient liées à la personnalité et à l'état émotionnel de ses patients. Il créa donc une thérapie destinée à retrouver une harmonie intérieure et un équilibre psychique. Une méthode inédite complète de soins de l'humeur, de la personnalité et de l'état émotionnel reposant sur 38 élixirs floraux.

COMMENT AGIT LA FLORITHÉRAPIE

Dans la nature, les vibrations les plus pures sont contenues dans les fleurs, les plantes et les arbres. Lorsque ces vibrations entrent en interaction avec le champ énergétique de l'être humain, les émotions s'harmonisent, l'esprit s'apaise et s'éclaircit, la paix et le bien-être - conditions d'une bonne santé - s'installent.

Chaque type de fleur a sa structure vibratoire propre d'où émane une énergie de guérison particulière.

La florithérapie du Dr Bach est donc aussi une méthode fiable pour régénérer vos chakras défaillants, c'est pourquoi vous trouverez dans chaque volet consacré aux chakras l'élixir floral qui lui correspond.

LA VIBRATION ÉNERGÉTIQUE DES FLEURS

Les élixirs floraux contiennent la vibration énergétique des fleurs infusées dans l'eau. On y ajoute de l'alcool pour la conservation.

Il est important de composer le remède dans un environnement non pollué et avec des fleurs ayant atteint un épanouissement total.

Les fleurs qui servent à la préparation des élixirs sont sauvages car c'est ainsi que le Docteur Bach a conçu son travail.

Elles sont cueillies lorsque leur épanouissement est optimal, puis la préparation consiste :

■ Soit en une macération sous la lumière du soleil.

■ Soit par ébullition dans de l'eau pure ou faiblement minéralisée.

L'énergie de la fleur dynamise l'eau que l'on récupère ensuite dans un flacon parfaitement pur. Une dose égale de cognac assure la conservation de l'élixir qui est ensuite à nouveau dilué dans du cognac pour obtenir le produit fini. On passe ainsi de la "solution-mère" à la "première dilution".

À noter : les élixirs ne sont pas des huiles essentielles. Ils sont inodores. Ils sont compatibles avec les remèdes allopathiques de même qu'avec toute thérapie holistique. Ils n'ont pas d'effets secondaires et sont absolument sans danger.

Magnétisme et Reiki

LE magnétisme par imposition des mains ou les techniques du souffle est un transfert d'énergie d'un magnétiseur en bonne santé (du moins on l'espère !) à un patient dont les "accus" sont déchargés. Le magnétiseur ne guérit pas, ne touche pas, ne manipule pas, ne fait ni diagnostic ni prescription (deux actes qui lui sont légalement interdits) : il recharge comme le ferait une dynamo un organisme "à plat" afin de permettre à son patient de **s'auto-guérir**.

En vérité, il est avec le ciel des accommodements et certains praticiens s'autoproclament magnétiseurs alors qu'ils sont en fait guérisseurs, toucheurs ou rebouteux. Ils acoquinent diverses thérapies dites douces : massages, plantes, acupressing... Et parfois même : ça marche !

Parmi ces nouvelles thérapies le reiki a incontestablement la cote alors, c'est quoi au fait le reiki. Le mot **Reiki** est issu du japonais ***rei*** qui signifie **Univers** et de ***ki*** qui signifie ***énergie***.

Le Reiki est une technique énergétique de guérison par imposition des mains sur les **chakras.** Il s'agit donc d'un magnétisme d'inspiration orientale qui, grâce à sa note exotique, a redoré le blason du magnétisme traditionnel même si c'est aussi le fer de lance des sectes guérisseuses.

Pas question donc d'occulter le reiki dans un livre sur les chakras mais vous devez savoir, qu'en fait, magnétisme et reiki c'est bonnet blanc et blanc bonnet !

DÉROULEMENT D'UNE SÉANCE DE REIKI

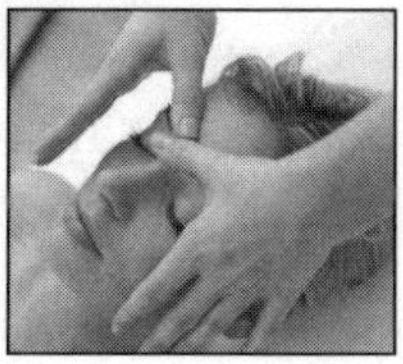

Une séance de reiki n'est, en général, pas suffisante pour constater une modification significative de l'équilibre énergétique à rétablir.

Le plus souvent, bien que des changements se manifestent dès la deuxième séance, 5 à 7 soins consécutifs sont conseillés au départ. Heureusement, le soin en lui-même ne dure que quelques minutes.

La première séance est en général plus longue puisqu'elle est consacrée à la découverte mutuelle du “consultant” et du “canal”. Par la suite, l'échange se crée de lui-même...

Dans tous les cas, après le premier contact, le magnétiseur pose ses mains sur le patient pour créer l'échange énergétique nécessaire au “ressenti” qui permet au canal d'identifier les zones et chakras à traiter. C'est le pouls qui est utilisé pour ce diagnostic.

Ensuite, les mains du magnétiseur ou maître du reiki se dirigeront vers les chakras qu'il aura sentis comme ayant le plus besoin du transfert d'énergie, sans lâcher le pouls du patient.

En complément - et en accord avec le patient - il peut poser ses mains localement sur la zone du corps à traiter, le masser avec une essence de fleur en correspondance avec les centres d'énergie déficients.

Utiliser des cristaux et des pierres de couleur en correspondance avec le chakra à traiter.

Méditation et Postures

Certains pensent que la méditation est une pratique sans intérêt. Une sorte de leçon spirituelle, s'apparentant à une pratique religieuse ou ascétique. En fait, dépouillée de ses oripeaux religieux ou sectaires, la méditation est simplement une méthode de formation de l'esprit. Un moyen efficace de relaxation spirituelle qui vous permettra d'établir la communication avec vos chakras et de percevoir "leur état de santé".

Je vous propose donc, avec chaque chapitre consacré aux chakras, **un exercice de méditation ainsi que des postures simples de yoga** qui vous permettront d'intégrer progressivement ces techniques, aussi essentielles pour la forme et l'éveil que de prendre une douche le matin ou de se laver les dents après les repas.

Dans un premier temps, vous pratiquerez la méditation assise. Une fois celle-ci acquise (au bout d'une dizaine de séances environ) vous pourrez méditer dans toutes les positions. L'essentiel étant que la position adoptée aide votre corps à atteindre rapidement la sérénité.

Ce que vous ne devez pas faire

- Vous asseoir sur les talons, ce qui est souvent fatigant.
- Vous appuyer contre un mur ou un dossier ce qui peut facilement amener une certaine distraction.

LA BONNE POSTURE

La position assise la plus adaptée et la plus apte à centrer le corps sur son centre de gravité, est la position du demi-lotus.

■ Placez votre jambe droite sur la gauche, le pied en extension, la paume de la main tournée vers le haut et le bout de l'index droit touchant le pouce gauche, les poignets reposant sur le haut des cuisses.

■ Restez fermement conscient et relaxez, progressivement, toutes les parties de votre corps.

■ Commencez par les muscles de la face, puis de la nuque, des épaules, du tronc, des jambes et des bras...

■ Inspirez lentement une profonde inspiration et videz votre esprit de toute pensée.

■ Lorsque vous vous sentirez complètement détendu et que vos respirations seront lentes et rythmées, fermez les yeux.

■ Répétez lentement un mot agréable (dans sa consonance comme dans son contenu) dans votre tête alors que vous inspirez et expirez.

■ Poursuivez ainsi pendant 10 à 20 minutes.

Mantras et Musicothérapie

LES MANTRAS

Dans les textes ésotériques (tantras), il est écrit que l'ensemble du corps humain est structuré par un réseau de 72000 canaux subtils (nadis) dont les extrémités ont la configuration des 16 voyelles et des 30 consonnes de l'alphabet sanscrit. Les énergies subtiles (prana) qui circulent dans ces sortes de méridiens sont influencées par ces différentes formes. Les êtres humains peuvent ainsi vocaliser une grande variété de sons dont la combinaison donne toute la richesse de leur langage. Les mantras ainsi créés ont le pouvoir de purifier le mental. Chacun d'eux a une qualité bien spécifique telle que d'accroître la sagesse, la bienveillance, la protection, la purification, la santé, la longévité, etc.

LA MUSICOTHÉRAPIE

L'utilisation de la musique dans des cérémonies ou à des fins curatives existe dans toutes les sociétés. Son utilisation thérapeutique a été évoquée de tout temps avec plus ou moins d'ignorance.

Esculape utilisait la musique à des fins curatives. **Isménius**, médecin de Thèbes, soignait la sciatique. **Théophrate** calmait les déments. **Xénocrate** traitait les enragés. **Platon** conseillait la musique et la danse contre les frayeurs et les angoisses phobiques. **Aristote**, lui, attribuait l'effet bénéfique de la musique à son pouvoir cathartique.

LE POUVOIR DES SONS

Au commencement était le souffle, le verbe. Le sonore revêt une importance particulière dans diverses religions qui en font la source de la création du monde.

Depuis l'origine de l'humanité le son accompagne l'histoire de l'homme. D'après les Égyptiens, le dieu **Thot** aurait créé le monde en poussant un grand cri. Tandis que, dans ***l'Ancien Testament***, Jéricho est détruit par le son des trompettes.

Plus proches de nous, les guérisseurs de nos campagnes joignent le son au geste et susurrent d'étranges mélopées destinées à rétablir l'harmonie donc la santé de leurs patients.

Certaines musiques comme ***Le Requiem*** de **Mozart** ou ***Les Carmina Burana*** de **Carl Orff**, ainsi que toutes celles que je vous propose pour chacun des chakras sont réputées guérisseuses.

La répétition d'un mantra est aussi très efficace. Pour cela, répétez la syllabe d'une voix douce puis élevez le ton progressivement. Ressentez ces vibrations parcourir votre corps et l'énergie du son entrer en vous.

Respirez lentement. Prononcez le mantra correspondant au chakra déficient au moment de l'expiration, prenez votre temps de repos, répétez dans votre tête le mantra durant l'inspiration et répétez-le à haute voix en expirant.

DEUXIÈME PARTIE

LE GUIDE DE VOS CHAKRAS

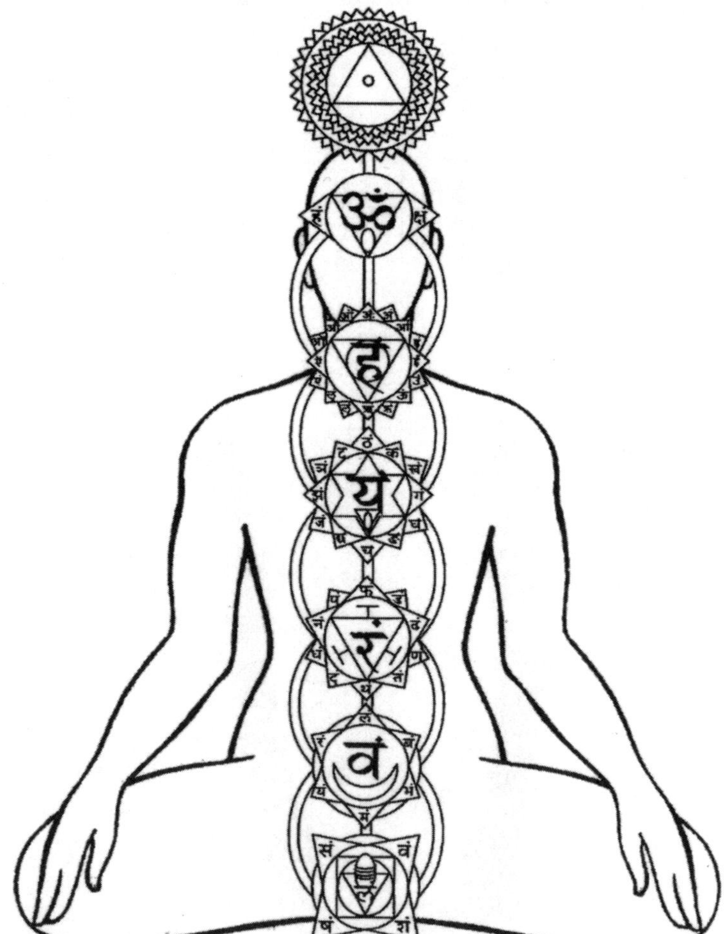

CORRESPONDANCES CHAKRAS PIERRES ET COULEURS

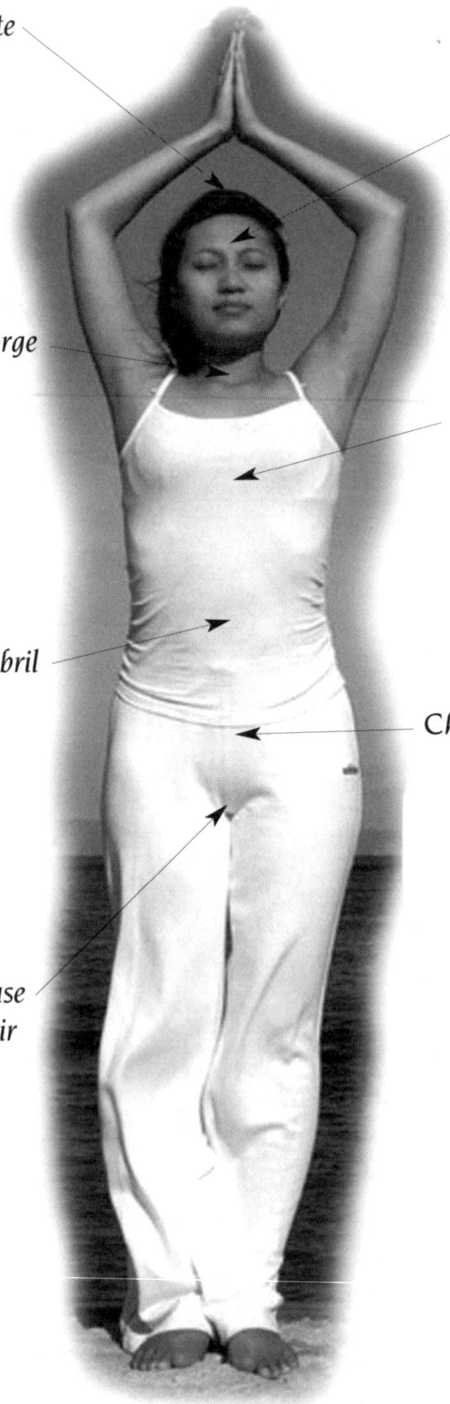

1. MULADHARA

Le chakra racine

Noms courants	*Localisation*	*Aura énergétique*
Chakra de la terre Chakra de la base Centre d'énergie du coccyx Centre de sécurité Chakra périnée	À la base de la colonne vertébrale. Entre le sexe et l'anus. Périné Chakra relié au corps physique	Énergie Relation à autrui Communication Solidité terrienne Enracinement Vitalité

Organes régis	*Troubles physiques*	*Troubles psychiques*
Glandes surrénales Utérus Organes sexuels Rectum Vessie Prostate	Crampes. Varices Prostatite. Cystite Hémorroïdes Fibromes Colopathie	Colère. Agressivité Perte de mémoire Anorexie. Phobies Cauchemars Paranoïa

Le chakra de la base est la racine qui nous relie à la terre et à l'Univers physique. Il se situe au niveau du périnée et représente notre point d'ancrage avec la terre, avec la réalité matérielle. C'est le centre d'énergie qui s'intéresse à la survie au niveau le plus élémentaire qui soit : **rester en vie.** Le chakra de la base est le point de départ, le commencement. C'est le point d'ancrage qui nous permet de vivre le moment présent et d'en jouir pleinement.

Le pouvoir et la stabilité

C'est à travers cette racine que nous parvenons à nous nourrir, à acquérir du pouvoir et de la stabilité pour nous permettre de croître et d'évoluer. C'est à travers ce chakra que nos idées se matérialisent.

C'est sur le plan physique que nous testons nos théories et que nous faisons l'apprentissage de nos croyances. C'est le plan où nous pouvons liquider nos dettes karmiques afin de purifier notre âme

On peut comparer **Muladhara** au magma en fusion qui est le noyau de la Terre. Toucher à lui imprudemment serait comme "réveiller les volcans de la planète". Mais stimuler ce chakra est quelque chose d'extraordinaire au point de vue énergétique.

En effet, lorsque **Muladhara** est en harmonie et qu'il fonctionne correctement, nous ressentons un sentiment de bien-être physique qui nous permet de mieux vivre.

Chacun des chakras est relié à un état de conscience spécifique, un niveau de perception qui nous permet d'évoluer et de comprendre tous les niveaux de l'existence dans leur spécificité.

Le mouvement et le toucher

Le niveau de conscience du chakra de la base se situe dans le mouvement et le toucher. C'est la perception de ce que nous ressentons physiquement qui s'exprime par ce chakra.

Lorsque Muladhara est en harmonie et qu'il fonctionne correctement, nous ressentons un sentiment de bien-être physique qui nous permet de mieux vivre.

Lorsque Muladhara est déséquilibré ou "encrassé" il réveille, psychologiquement nos bas instincts ; colère, agressivité et physiquement tout ce qui est lié à la sphère génitale et rectale.

HYGIÈNE ALIMENTAIRE

La viande et les protéines sont excellentes pour nous ancrer dans la réalité matérielle. Il n'est pas nécessaire de consommer de la viande pour avoir les pieds sur terre, mais il faut inclure dans notre alimentation des protéines sous la forme d'œufs, de fromages, de légumineuses et de noix.

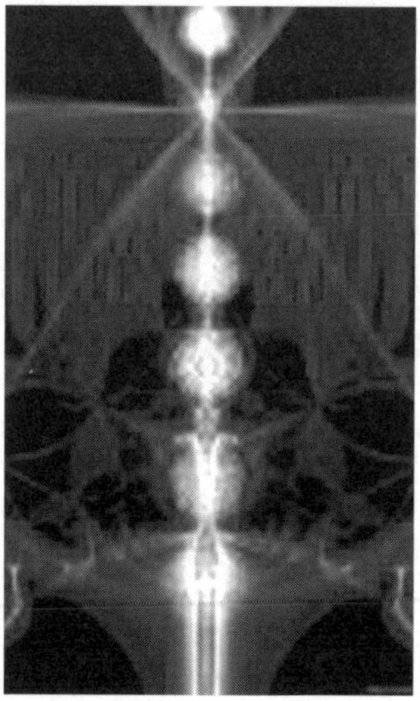

Le chakra de la base est relié au corps physique. Ce corps est composé de fines lignes d'énergie, un peu comme un réseau de faisceaux lumineux qui scintillent.
La structure lumineuse de cette enveloppe agit comme un champ de force qui sert de point d'ancrage à notre corps physique. Elle est constamment en mouvement, un peu comme un champ électrique.

Le corps physique est coloré du bleu clair au gris :

- Le bleu désigne une personne sensible avec un corps physique délicat.
- Le gris désigne un type de personne athlétique, dont la constitution est plus robuste.

Le corps physique : la première enveloppe

Ce corps est la première enveloppe. C'est aussi la plus facile à percevoir. Au niveau de cette enveloppe, les chakras sont de la même couleur que le reste du corps physique. Ce qui les distingue, c'est leur mouvement circulaire.

Il est intéressant de noter que les organes internes du corps physique apparaissent au niveau de cette couche d'énergie, sous une forme bleuâtre brillante : toute ternissure qui apparaît sur ceux-ci est le signe d'un déséquilibre de cet organe.

Perception du corps physique

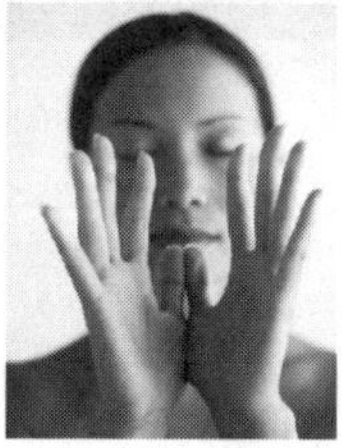

Vous pouvez commencer avec vos propres mains en les bougeant l'une vers l'autre jusqu'à ce que vous perceviez une ombre bleuâtre qui entoure le corps comme un champ de force.

Avec de la pratique et une bonne dose de persévérance, vous pourrez voir se dessiner plus clairement ce corps physique, puis les chakras qui apparaissent comme des disques lumineux sur le devant du corps.

Comment rééquilibrer Muladhara ?

- En utilisant, pour le stimuler des pierres en relation directe avec sa couleur. C'est-à-dire en faisant appel à **la Lithothérapie et la Chromothérapie**.

- En utilisant, le pouvoir des plantes qui lui correspondent. C'est-à-dire en faisant appel à **la Phytothérapie et à la Florithérapie**.

- En utilisant, l'imposition des mains ou le massage. C'est-à-dire en faisant appel au **Magnétisme et au Reiki**.

- En utilisant l'inspiration et la respiration. C'est-à-dire en faisant appel à **la Méditation et aux Postures**.

- En utilisant, le pouvoir des sons pour rétablir l'harmonie vibratoire. C'est-à-dire en faisant appel aux **Mantras et à la Musicothérapie**.

Pierres et Couleurs

CHROMOTHÉRAPIE

La couleur du centre d'énergie du coccyx - aussi nommé centre de la sécurité - est le **rouge.**

■ Le matin au réveil et le soir, avant de vous endormir, visualisez-vous entouré d'une bulle de couleur rouge.

■ Ajoutez également une touche de rouge à votre tenue vestimentaire.

LITHOTHÉRAPIE

Chaque soir, pendant 15 mn, placez une des pierres suivantes sur le chakra de la base : **Rubis. Grenat. Corail**.

ÉLIXIR DE PIERRE

Vous pouvez aussi bénéficier de l'énergie vibratoire d'une de ces pierres ainsi que de ses précieux oligo-éléments en la laissant "macérer" une nuit dans de l'eau légèrement citronnée. À boire sans modération.

Fleurs et Plantes

PHYTOTHÉRAPIE

Le coquelicot. La girofle de Madagascar.

■ A prendre le soir, une de ces bonnes plantes, en tisane, infusée 5 mn (coquelicot) ou 10 mn (la girofle) dans de l'eau bouillante.

■ Pensez aussi aux bonbons au coquelicot. Et à la girofle utilisée comme condiment en cuisine.

AROMATHÉRAPIE

Huile essentielle de **cèdre** et de **girofle**. 3 gouttes dans le bain du soir ou/et en massage circulaire sur Muladhara.

FLORITHÉRAPIE

Élixir floral du Dr Bach n° 38 : **Wild Rose (églantine)** qui active le chakra de la base. 3 gouttes dans un verre d'eau à boire, fractionné, tout au long de la journée.

Magnétisme et Reiki

LE SONDAGE DE L'AURA

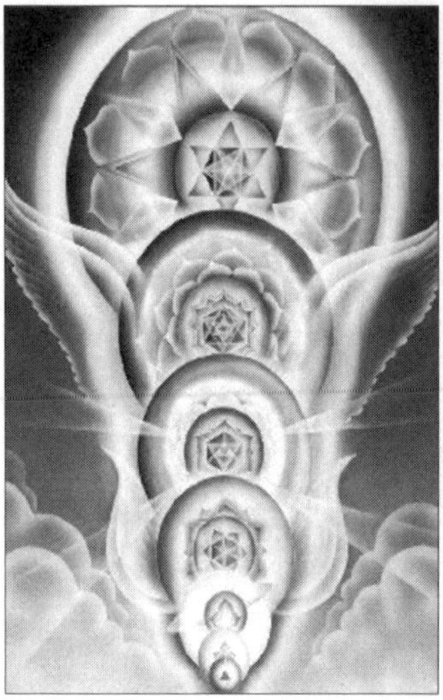

Nous l'avons vu dans la première partie de ce livre, Le corps humain est enveloppé d'énergie sous forme d'un sac ovoïde : l'aura.
Cette enveloppe est constituée de 7 couches, représentant les 7 corps.
Chaque couche doit normalement être homogène. Si le fonctionnement énergétique de l'homme est perturbé, son aura l'est aussi.

■ Le sondage de l'aura consiste à passer la main, paume vers le patient, à quelques centimètres du corps et à sonder les différentes couches pour détecter les anomalies.

■ Si un trouble apparaît - forme anormale, chaleur excessive, froid, picotement - cela indique un trouble des organes situés sous la partie sondée.

■ Si vous passez votre main au-dessus de Muladhara ou d'un des autres chakras et que vous sentez des picotements : vous pouvez en déduire que la personne souffre ou risque de souffrir prochainement d'un des troubles physiques ou psychiques évoqués en début de chapitre.

■ Les déformations et anomalies apparaissent avant les premiers symptômes et disparaissent, en général, un peu avant la guérison totale.

Magnétisme et Reiki

Cette technique permet d'anticiper sur l'évolution d'un trouble. Elle est donc très précieuse.

LE BROSSAGE DE L'AURA

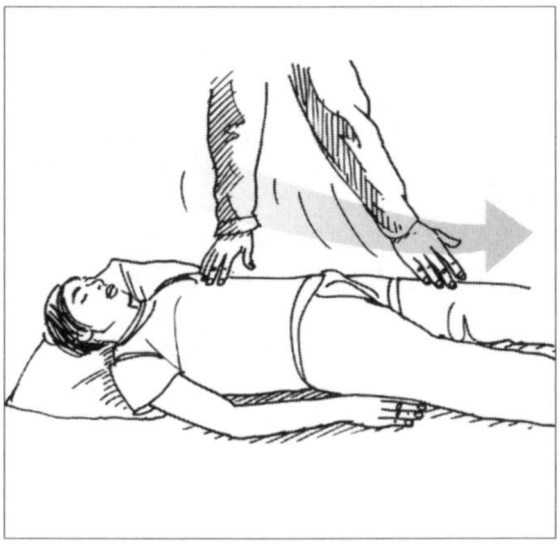

Le brossage de l'aura permet de travailler sur les différentes couches extérieures du corps énergétique. En début de traitement, il permet de nettoyer. En fin de travail, il permet d'équilibrer et d'éliminer les surcharges éventuelles.

■ Faites glisser votre main sur le corps du patient, paume vers le malade dans différentes couches de l'aura.
■ Effectuez les passes à quelques centimètres du corps jusqu'à un mètre du patient. Elles peuvent être lentes ou rapides. En général, elles se font du haut vers le bas.
■ Si le patient est allongé, les passes se font de la tête aux pieds. Elles peuvent être faites sur tout le corps ou seulement au-dessus de la partie malade.

Pour que la technique soit efficace, vous devez observer deux règles simples :
1. Le brossage doit être effectué avec la paume vers le malade, la main ouverte.
2. Lorsque vous remontez pour effectuer une autre passe, votre main doit être fermée ou bien être éloignée du corps.

Méditation et Postures

LA PRISE DE TERRE

- Allongez vous au beau milieu d'une clairière ou d'un champ verdoyant.

- Vous êtes sur le dos, les bras écartés en croix, les paumes des mains au contact du sol.

- Régularisez votre souffle, de façon à vous relaxer totalement. Doucement... Doucement...

- Vous sentez votre corps se relâcher. De plus en plus... De plus en plus.

- Vos jambes sont légèrement écartées, vos genoux pliés, la plante des pieds bien à plat sur le sol.

- A l'inspir, faites monter l'énergie tellurique le long de la jambe gauche et dispersez-la dans le bassin gauche ainsi que dans la partie gauche de l'abdomen.

- Faites le même exercice à partir de votre pied droit, afin de recharger votre bassin ainsi que votre abdomen dans la partie droite. Montée d'énergie tellurique à l'inspir, dispersion à l'expir.

- Procédez de manière identique pour la main gauche, le bras et le thorax.

- Terminez par la main droite, le bras et le thorax dans sa partie droite.

Conseil : Si vous avez des difficultés à ressentir les effets attendus, achevez l'exercice en restant simplement branché à la terre. Le travail se fera tout seul.

Méditation et Postures

2 EXERCICES POUR TONIFIER MULADHARA

Le meilleur moment pour pratiquer ces exercices est le matin à jeun. Aucun vêtement ne doit serrer ou comprimer. Pratiquez dans un local bien aéré ou, mieux encore, en plein air. Dans la position allongée, la tête sera toujours dirigée vers le nord, les pieds vers le sud.

■ Asseyez vous à terre, en lotus ou semi-lotus et exercez une pression sur le sommet de la tête à l'aide des paumes et des doigts des deux mains.

■ Pressez lentement et relâchez en déplaçant les mains sur le visage.

■ Puis sur le cou et en descendant sur la poitrine.

■ Allongez vous sur le dos er repliez les genoux afin de les amener vers la poitrine. Maintenez-les avec les mains.

■ Soulevez légèrement la tête puis tournez-vous sur le côté droit dans un mouvement de rotation.

■ À l'aide du coude droit faites le même mouvement sur la gauche.

Mantras et Musicothérapie

LE MANTRA

Le mantra de Muladhara : c'est **LAM**

● Répétez ce mantra d'une voix douce pour commencer, presque en murmurant et élevez le ton progressivement.
● Vous pouvez aussi le répéter à voix basse en sourdine, pour faire vibrer vos cordes vocales.
● Ressentez ces vibrations parcourir votre corps et l'énergie du son entrer en vous.
● Respirez lentement et prononcez le mantra au moment de l'expiration.
● Prenez un temps de repos, répétez dans votre tête le mantra durant l'inspiration et répétez-le à haute voix en expirant.

LA NOTE

La note de Muladhara : c'est **DO.** Si vous disposez d'un instrument de musique (une simple flûte traversière, en vente dans toutes les librairies scolaires suffit). Répétez cette note plusieurs fois dans la journée. Au besoin même chantez-la ou sifflotez-la.

MUSICOTHÉRAPIE

Voici les morceaux de musique classique recommandés par les musicothérapeutes pour rétablir l'harmonie vibratoire de Muladhara :

■ Le sacre du printemps de *Stravinsky*.
■ La symphonie n° 1 (premier mouvement) de *Brahms*.

2. SVADHISTANA

La douceur sucrée

Noms courants	*Localisation*	*Aura énergétique*
Chakra de l'eau Chakra sacré Centre d'énergie du sacrum	Un peu au-dessus des organes génitaux Proche du nombril	Énergie sexuelle et génésique. Harmonie des polarités masculines et féminines Équilibre yin/yang

Organes régis	*Troubles physiques*	*Troubles psychiques*
Organes sexuels masculins et féminins Digestion Appareil urinaire	Douleurs du dos Troubles de la sexualité Troubles digestifs Hyper ou hypoglycémie	Amertume Méfiance Cruauté Érotomanie Paranoïa

SVADHISTANA

SITUÉ entre la symphyse pubienne et le nombril - à l'endroit que les Japonais appellent le hara - le deuxième chakra correspond à **l'élément Eau**.

C'est le centre de **la sexualité et de la reproduction**. En sanskrit, son nom provient de la racine svad qui signifie "rendre plus doux, plus sucré "; ce qui nous remet en mémoire les doux plaisirs de l'étreinte.

De vastes océans d'énergie

Avec Svadhisthana nous pénétrons dans un domaine de transformation car, si la terre est un élément solide, l'eau est un élément mouvant qui change de forme constamment. Ce chakra nous invite à découvrir la présence de l'autre, il éveille notre désir, nos émotions et notre sexualité. Il n'est plus question d'être simplement soi, il faut maintenant composer avec l'autre, le complément de soi.

Le deuxième chakra est aussi lié à la Lune. Comme la Lune influence les marées, nos désirs et nos passions peuvent bouger de vastes océans d'énergie. Le désir expression de nos besoins physiques, émotifs et spirituels invite au mouvement, à la transformation. mais ce qui fait naître le désir, c'est la recherche du plaisir. Le plaisir est l'une des caractéristiques fondamentales du deuxième chakra. Il est essentiel pour :

- Maintenir le corps en santé et l'harmoniser.
- Régénérer l'esprit.
- Poursuivre des relations tant sur le plan personnel que culturel ou social.

Le chakra des organes sexuels est relié au **corps émotif**. Sa structure fluide suit approximativement les contours du corps physique.

Ce corps possède toutes les couleurs de l'arc-en-ciel et les teintes peuvent être brillantes ou mates, nettes ou brouillées, selon les émotions sous-jacentes.

Cette enveloppe est assez facile à percevoir ; mais elle est plutôt informe et fluctue au gré de nos émotions. En fait, elle apparaît comme des taches de couleur qui jaillissent du corps ; c'est de ce corps dont il est question lorsque des personnes voient l'aura.

Toutes les couleurs de l'arc-en-ciel

Les chakras y apparaissent comme des cercles de couleur lumineuse qui suivent en quelque sorte la graduation de l'arc-en-ciel, à l'exception du dernier qui est blanc plutôt que violet.

Un état de dépression est marqué par des taches grises et noires au lieu des couleurs.

Si les couleurs des chakras sont ternies, cela démontre un problème spécifique au niveau du chakra en question.

HYGIÈNE ALIMENTAIRE

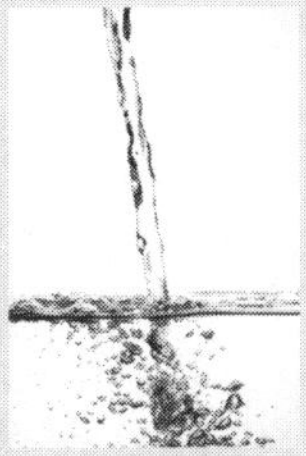

Comme le chakra n° 2 est associé à l'élément de l'eau, c'est dans les liquides qu'il trouve sa force et se revitalise. Ils aident à nettoyer l'organisme de ses impuretés et permettent aux reins de se débarrasser des toxines. Les jus et les tisanes sont recommandés pour favoriser les processus de nettoyage et de désintoxication de l'organisme.

Osez la voie du tantra pour canaliser vos émotions et revitaliser Svadhistana.

Le niveau de conscience du chakra des organes génitaux se situe dans les émotions. C'est en contrôlant celles-ci que nous harmonisons ce point d'énergie.

Contrôler ne veut pas dire réprimer ou ignorer ses émotions : il faut prendre conscience de ce que nous ressentons et passer ensuite à autre chose.

Le problème avec les émotions, c'est qu'elles font tout ce qui est en leur pouvoir pour nous contrôler et une fois que c'est fait, nous devenons dépendants du cercle émotif.

Lorsque notre deuxième chakra est en harmonie, nous ressentons les émotions, mais nous ne nous laissons pas diriger par elles. La voie du tantra est idéale pour trouver à deux le chemin de l'éveil (voir méditation et postures).

Percevoir le corps émotif : c'est voir l'aura

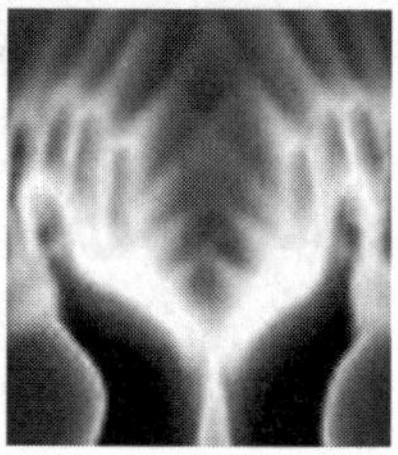

Vous pouvez commencer avec vos propres mains en les bougeant l'une vers l'autre jusqu'à ce que vous perceviez une ombre bleuâtre qui entoure le corps comme un champ de force.

Avec de la pratique et une bonne dose de persévérance, vous pourrez voir se dessiner plus clairement ce corps physique, puis les chakras qui apparaissent comme des disques lumineux sur le devant du corps.

Comment rééquilibrer Svadhisthana ?

- En utilisant, pour le stimuler des pierres en relation directe avec sa couleur. C'est-à-dire en faisant appel à **la Lithothérapie et la Chromothérapie.**

- En utilisant, le pouvoir des plantes qui lui correspondent. C'est-à-dire en faisant appel à **la Phytothérapie et à la Florithérapie.**

- En utilisant, l'imposition des mains ou le massage. C'est-à-dire en faisant appel au **Magnétisme et au Reiki.**

- En utilisant l'inspiration et la respiration. C'est-à-dire en faisant appel à **la Méditation et aux Postures.**

- En utilisant, le pouvoir des sons pour rétablir l'harmonie vibratoire. C'est-à-dire en faisant appel aux **Mantras et à la Musicothérapie.**

Pierres et Couleurs

CHROMOTHÉRAPIE

La couleur du centre d'énergie du nombril c'est **l'orange**.

■ Le matin au réveil et le soir, avant de vous endormir, visualisez-vous entouré d'une bulle de couleur orange.

■ Ajoutez également une touche d'orange à votre tenue vestimentaire.

LITHOTHÉRAPIE

Chaque soir, pendant 15 mn, placez une des pierres suivantes sur le chakra sacré : **Topaze. Opale de feu. Cornaline**.

ÉLIXIR DE PIERRE

Vous pouvez aussi bénéficier de l'énergie vibratoire d'une de ces pierres ainsi que de ses précieux oligo-éléments en la laissant "macérer" une nuit dans de l'eau légèrement citronnée. À boire sans modération.

Fleurs et Plantes

PHYTOTHÉRAPIE

Ylang-ylang. Capucine.

■ À prendre le soir, une de ces bonnes plantes, en tisane, infusée 5 mn dans de l'eau bouillante.

■ Pensez à utiliser comme condiment les boutons de capucine confits dans du vinaigre (même saveur que les câpres). Et aussi un parfum ou encens à base d'ylang ylang.

AROMATHÉRAPIE

Huile essentielle d'**ylang ylang ou de santal**. 3 gouttes dans le bain du soir ou/et en massage circulaire sur Svadhistana.

FLORITHÉRAPIE

Élixir floral du Dr Bach n° 31 : **Sweet Chesnut** (châtaignier) qui, active le chakra sacré. 3 gouttes dans un verre d'eau à boire, fractionné, tout au long de la journée.

Magnétisme et Reiki

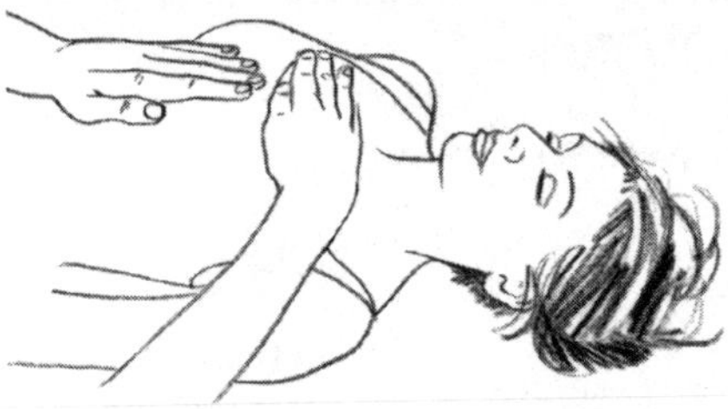

Nous l'avons vu dans la première partie de ce livre, le Reiki consiste à magnétiser les chakras d'un patient (le receveur). Dans la première partie de la séance, le receveur est couché sur le dos, sur une table étroite (60 à 70 cm de largeur), confortable, de hauteur 70 à 80 cm.

MAGNÉTISATION DES CHAKRAS

■ Le donneur appelle l'énergie, les mains au niveau du cœur. Quand il se sent prêt, il s'approche du receveur et effectue une harmonisation en 3 passes de la tête aux pieds à 20 cm au-dessus de son corps physique.

■ Puis il prend contact en plaçant ses mains (symétriques sur le corps sauf indication contraire) sur le receveur dans l'ordre suivant (chaque position dure de 3 à 5 minutes) :

- Mains sur les clavicules.
- Mains sous la tête.
- Mains sur les oreilles.
- Mains sur les tempes.
- Mains sur les yeux.
- Mains (en V) sur la gorge.
- Mains sur le cœur.
- Mains (côte à côte) sur le plexus solaire.
- Mains sur la rate et le pancréas.
- Mains sur le foie.

Magnétisme et Reiki

- Mains (en V) sur le bas-ventre.
- Mains sur les genoux, mains sur les chevilles.

Le donneur demande au receveur de se retourner, et garde une ou deux mains sur le receveur pendant le retournement.

■ Le donneur place ses mains sur le receveur dans l'ordre suivant (chaque position dure de 3 à 5 minutes) :

- Mains sur la plante des pieds.
- Mains derrière les genoux.
- Mains en haut des cuisses (en dessous des fesses).
- Mains sur le bassin (au-dessus des fesses).
- Mains sur les côtes.
- Mains sur les épaules.
- Mains (en V) sur la nuque.

■ Le donneur garde alors une main sur la nuque et place l'autre sur la base de la colonne vertébrale pendant 3 minutes.

■ Puis, gardant toujours une main sur la nuque, avec l'index et le majeur de l'autre, il "cire" la colonne vertébrale de haut en bas, 3 fois.

■ Il termine en lissant l'aura (à 20 cm du corps physique) du receveur de la tête aux pieds, 3 fois.

■ Le donneur fait une légère pression sur l'épaule du receveur pour l'avertir que c'est terminé ; si celui-ci dort ou ne manifeste pas le désir de se lever de suite, le laisser quelques instants dans cet état.

Méditation et Postures

Voici quelques exercices "tantriques" pour stimuler Svadhistana, le chakra de la sexualité, et vous permettre de goûter à ces plaisirs que l'on nomme à la légère physiques et qui, bien menés vous feront monter la kundalini et, pourquoi pas, atteindre l'illumination.

LE TREMBLEMENT SALVATEUR

Durée et périodicité de cet exercice : 15 minutes, une fois par semaine.

■ Pour obtenir ce tremblement, vous allez devoir avoir recours à votre imagination créatrice. Vous avez le choix entre vous visualiser en bikini sous un climat polaire ou penser que vous êtes la victime d'un serial killer.

■ Dès que le déclenchement est amorcé, laissez-vous aller et le tremblement auto entretenu prendra le relais.

Apprendre à se laisser porter par l'énergie est le préalable à la plénitude de l'orgasme.

VA-ET-VIENT ET ROTATION DU BASSIN

Dans l'acte sexuel, le mouvement de va-et-vient du bassin est fondamental. Tous les hommes l'exécutent, mais se contentent de le faire pendant une ou deux minutes. Or, un rapport sexuel prolongé exige davantage d'endurance.

Méditation et Postures

■ Les deux membres du couple doivent donc apprendre à bouger le bassin tout en maintenant la cage thoracique immobile. Pour le vérifier il est bon, la première fois que vous ferez cet exercice, de vous observer dans une glace en pied.

■ Cambrez le dos et projetez votre bassin en avant. Même sans partenaire, ce mouvement est très excitant, particulièrement pour les femmes.

■ Quand vous aurez bien assimilé le mouvement de va-et-vient, vous donnerez davantage d'intensité en coordonnant projection et retrait du bassin avec la respiration.

■ Projetez-vous en avant pendant l'expiration et cambrez-vous pendant l'inspiration.

■ Associer des contractions anales produira un supplément d'énergie. Pour cela, contractez l'anus lors de la projection en avant et détendez-le quand vous vous cambrez.

■ Utilisez les mouvements des bras pour donner plus d'ampleur à votre respiration et entraîner tout le corps.

■ À la projection du bassin en avant, tirez fortement les bras en arrière.

■ Remuez les bras dans le sens opposé au bassin pour rester en équilibre.

■ Terminez ensuite cet exercice d'assouplissement du bassin par un mouvement de rotation, comme si vous pratiquiez le hula-houp avec un cerceau.

Mantras et Musicothérapie

LE MANTRA

Le mantra de Svadisthana : c'est **VAM**

- Répétez ce mantra d'une voix douce pour commencer, presque en murmurant et élevez le ton progressivement.
- Vous pouvez aussi le répéter à voix basse en sourdine, pour faire vibrer vos cordes vocales.
- Ressentez ces vibrations parcourir votre corps et l'énergie du son entrer en vous.
- Respirez lentement et prononcez le mantra au moment de l'expiration.
- Prenez un temps de repos, répétez dans votre tête le mantra durant l'inspiration et répétez-le à haute voix en expirant.

LA NOTE

La note de Svadhistana : c'est **RÉ.** Si vous disposez d'un instrument de musique (une simple flûte traversière, en vente dans toutes les librairies scolaires suffit). Répétez cette note plusieurs fois dans la journée. Au besoin même chantez-la ou sifflotez-la.

MUSICOTHÉRAPIE

Voici les morceaux de musique classique recommandés par les musicothérapeutes pour rétablir l'harmonie vibratoire de Svadhistana :

- La mer de *Debussy*.
- La symphonie n° 4 (deuxième mouvement) de *Schumann*.

3. MANIPURA

Joyau scintillant

Noms courants	*Localisation*	*Aura énergétique*
Chakra du centre Chakra solaire Chakra du ki ou du zen Chakra du nombril Chakra de la volonté	Au dessus du nombril	Volonté Pouvoir Solidarité Énergie méditative Détermination Digestion

Organes régis	*Troubles physiques*	*Troubles psychiques*
Pancréas Foie Vésicule biliaire Système neuro-végétatif	Digestions pénibles Boulimie Acidité gastrique Calculs rénaux Diarrhée Palpitations	Angoisses Obsessions Névrose Manque de confiance en soi Manque d'appétit

MANIPURA

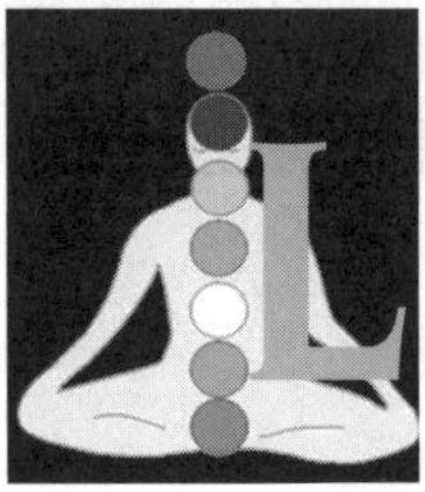

Le troisième chakra se situe au niveau du plexus solaire. Il est lié à l'estomac, au pancréas, au foie et au système nerveux.

Nous avons commencé par la base qui est la terre, un élément stable, pour nous diriger vers l'eau, élément fluide, et nous sommes maintenant dans le domaine du feu. Les deux premiers chakras sont pointés vers la matière, vers la terre, et le troisième, en détruisant la forme et en la transformant en énergie, la fait monter à un niveau supérieur.

LE SIÈGE DE LA VOLONTÉ

Le chakra du plexus solaire est le premier niveau de notre intellect. C'est le siège de la logique et de la volonté. La volonté est notre forme de pouvoir personnel la plus évidente. La volonté est la combinaison de notre esprit et de l'action. La direction consciente que nous donnons à nos désirs pour les mettre en pratique.

Les besoins primaires et les émotions des premiers chakras prennent une nouvelle dimension lorsque l'esprit commence à entrer dans le jeu. C'est au niveau du chakra du pouvoir que nous prenons nos décisions.

■ Lorsque celui-ci fonctionne normalement, nous arrivons à réaliser ce que nous désirons.

■ Lorsque le troisième chakra ne fonctionne pas bien, il utilise le cycle de nos infortunes pour réaliser ce que nous ne voulons pas.

Le niveau de conscience du chakra du plexus solaire se situe dans l'intuition primaire. Celle que nous ressentons au creux de notre estomac ou dans nos tripes. Une connaissance vague, incertaine, qui n'est que rarement spécifique.

Lorsque le chakra du plexus solaire est harmonieux, nous ressentons ces intuitions plus facilement. Elles nous permettent de mieux nous servir des occasions qui s'offrent à nous.

À éviter:

- Les bruits de fond permanents (télé, radio).
- Les endroits trop bruyants.

En effet, c'est en retrouvant le silence que nous arrivons à atteindre ce niveau de conscience.

HYGIÈNE ALIMENTAIRE

Les féculents sont des aliments qui correspondent au troisième chakra. Le pain, les pâtes, le riz...se convertissent rapidement au niveau de notre système digestif en énergie calorique, ce qui les relie directement à l'élément du feu correspondant au chakra du plexus.

Vous devez, impérativement, éliminer les sucres blancs au profit du sucre de canne ou du miel qui est un aliment vivant.

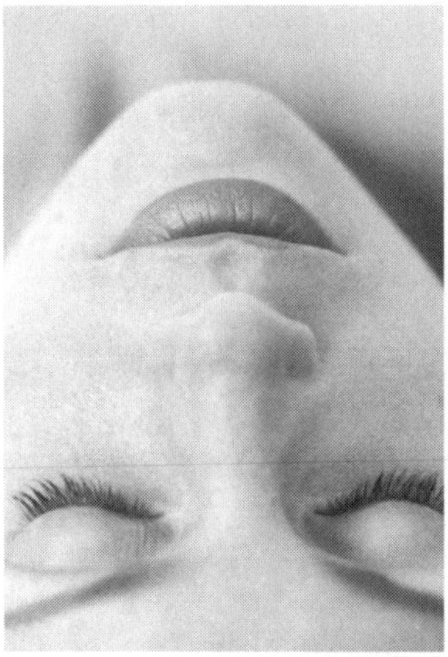

Le chakra du plexus solaire est relié au **corps mental**. Cette enveloppe occupe une fréquence plus élevée que les deux premières et sa structure est associée aux pensées et aux processus mentaux.

Elle est de couleur jaune et suit les contours du corps dont elle possède la structure.

Toutes nos pensées, toutes nos idées jaillissent à ce niveau et apparaissent comme des formes plus ou moins brillantes selon la clarté de la pensée, la force d'une idée, le degré d'engagement dans un projet ou le degré de concentration.

Des formes-pensées reliées à nos émotions

Ces formes-pensées prennent la couleur de nos émotions sous-jacentes ou, plus précisément, des taches de couleurs reliées à nos émotions se surimposent sur les formes de nos idées.

Les grands projets, les idées géniales font littéralement éclater cette enveloppe dont l'énergie revitalise alors les autres corps éthériques.

À mesure que nous devenons pleinement conscients de nos capacités analytiques, nous développons ce corps éthérique de façon plus perceptible.

Perception du corps mental

Étant reliée à un processus essentiellement mental, cette enveloppe est plus difficile à percevoir. La cause principale de cette difficulté réside dans le fait que nous sommes à l'aube de la conscience intellectuelle véritable. Dans le passé, les connaissances n'étaient accessibles qu'à certains privilégiés. Depuis les cinquante dernières années, l'éducation s'est répandue dans toutes les couches de la société. À mesure que nous devenons pleinement conscients de nos capacités analytiques, nous développons ce corps éthérique de façon plus perceptible.

Comment rééquilibrer Manipura ?

- En utilisant, pour le stimuler des pierres en relation directe avec sa couleur. C'est-à-dire en faisant appel à **la Lithothérapie et la Chromothérapie.**
- En utilisant, le pouvoir des plantes qui lui correspondent. C'est-à-dire en faisant appel à **la Phytothérapie et à la Florithérapie.**
- En utilisant, l'imposition des mains ou le massage. C'est-à-dire en faisant appel au **Magnétisme et au Reiki**
- En utilisant l'inspiration et la respiration. C'est-à-dire en faisant appel à **la Méditation et aux Postures.**
- En utilisant, le pouvoir des sons pour rétablir l'harmonie vibratoire. C'est-à-dire en faisant appel aux **Mantras et à la Musicothérapie.**

Pierres et Couleurs

CHROMOTHÉRAPIE

La couleur du centre d'énergie du plexus c'est le **jaune**.

■ Le matin au réveil et le soir, avant de vous endormir, visualisez-vous entouré d'une bulle de couleur jaune.

■ Ajoutez également une touche de jaune à votre tenue vestimentaire.

LITHOTHÉRAPIE

Chaque soir, pendant 15 mn, placez une des pierres suivantes sur le chakra du sacrum : **Ambre. Citrine. Œil-de-tigre**.

ÉLIXIR DE PIERRE

Vous pouvez aussi bénéficier de l'énergie vibratoire d'une de ces pierres ainsi que de ses précieux oligo-éléments en la laissant "macérer" une nuit dans de l'eau légèrement citronnée. À boire sans modération.

Plantes et Fleurs

PHYTOTHÉRAPIE

Bergamote. Aigremoine.

■ A prendre le soir, une de ces bonnes plantes, en tisane, infusée 5 mn dans de l'eau bouillante.

■ Pensez aussi aux bonbons à la bergamote qui font la gorge douce. Mais aussi aux parfums et encens à fragrance de bergamote.

AROMATHÉRAPIE

Huile essentielle de **lavande, bergamote ou romarin**. 3 gouttes dans le bain du soir ou/et en massage circulaire sur Manipura.

FLORITHÉRAPIE

Élixir floral du Dr Bach n° 30 : **Star of Bethleem** qui active le chakra du plexus. 3 gouttes dans un verre d'eau à boire, fractionné, tout au long de la journée.

Magnétisme et Reiki

L'IMPOSITION DES MAINS

En théorie : la main droite recharge et la main gauche décharge. Je dis bien en théorie, car dans la pratique, chaque magnétiseur agit comme il le sent, utilisant très souvent les deux mains ensemble.

■ Pour redonner du tonus à votre patient, vous allez placer votre main droite à 2 cm environ de son plexus solaire (on ne touche pas !) pendant une dizaine de minutes.

■ Pour soulager votre patient d'une douleur, vous ferez la même chose mais avec votre main gauche. Inversez si vous êtes gaucher.

■ Vous pouvez magnétiser votre patient debout, mais 10 minutes c'est long et le faire allonger est préférable.

■ La nudité n'est pas indispensable et peut choquer certaines personnes. Toutefois, pour éviter l'effet-écran, votre patient ne devra pas porter de synthétique.

LE DÉGAGEMENT

■ Pendant les 10 minutes d'imposition des mains, vous devez 2 ou 3 fois secouer vos mains (hors du patient) pour vous débarrasser des miasmes que vous attirez sur vous.

■ Quand ? Chaque fois que vos mains vous sembleront sales et gluantes. Les secouer ne suffira peut-être pas, vous serez alors obligé de vous laver les mains à l'eau courante et froide.

Magnétisme et Reiki

L'IMPOSITION DES MAINS SUR L'AURA

La "charge de l'aura" ou "imposition des mains sur l'aura" permet de transmettre l'énergie vitale aux différentes couches extérieures du corps énergétique. Cette technique est basée sur le même principe que l'imposition directement sur le corps du malade.

En général, elle est utilisée localement au-dessus de la partie malade et à l'endroit où un trouble énergétique a été détecté. Elle est aussi souvent utilisée au-dessus des chakras principaux.

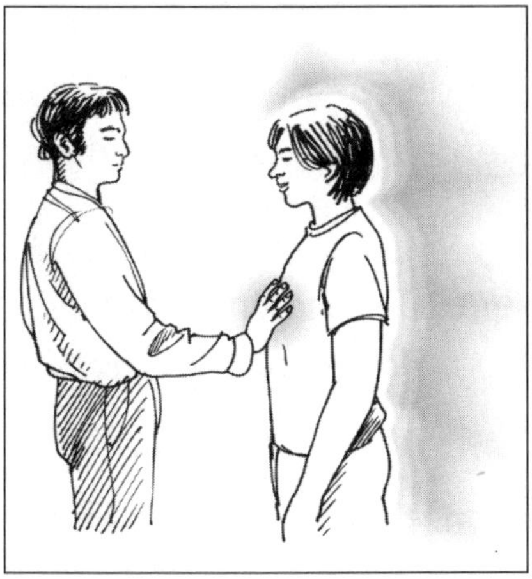

■ Maintenez, pendant 10 mn environ, votre main ouverte, paume vers le malade, à quelques centimètres de son corps physique.

■ Vous pouvez la bouger légèrement, effectuer des mouvements de haut en bas ou décrire des cercles.

■ Cette technique est très prisée des débutants car la main n'étant en contact qu'avec l'aura, aucune sensation parasite ne vient perturber la sensibilité cutanée, ce qui fait qu'il est facile d'avoir la perception de l'énergie circulant dans la main et de sentir le corps énergétique du patient.

Méditation et Postures

LES 6 BOUCLIERS SOLAIRES

Cet exercice de méditation, basé sur la visualisation créatrice, est idéal pour revitaliser le chakra du feu.

■ Visualisez verticalement, au-dessus de votre tête, un disque solaire jaune orangé d'une grande brillance. Ce disque solaire est une réserve énergétique.

■ Prélevez dans cette réserve un disque découpé dans le sens de l'épaisseur et placez-le derrière vous, parallèlement à votre dos.

■ Découpez un deuxième disque, de la même brillance, jaune orangé, que vous placerez à votre gauche. Un troisième sur votre droite.

■ Placez un quatrième disque sous vos fesses, comme un coussin de méditation.

■ Un cinquième devant vous, comme un airbag.

■ Un sixième au-dessus de votre tête, comme une auréole.

■ Visualisez l'ensemble de ces six disques, individuellement dans un premier temps, puis globalement, si vous y arrivez.

Ce n'est pas facile et ressemble beaucoup à un exercice de jonglage !

■ Vos 6 disques solaires forment une barrière autour de vous. Vous vous sentez protégé, cocooné et leur énergie chaleureuse vous pénètre.

Si vous n'êtes pas initié à la visualisation, voir, dans l'encadré ci-dessous comment vous entraîner.

LES BASES DE LA VISUALISATION

■ La visualisation : c'est l'acte de voir en pensée et non avec les yeux. Pour vous entraîner, vous allez choisir un objet simple : aiguille, stylo, gomme, crayon et vous allez tenter de reproduire, les yeux fermés, sur votre écran mental, le plus précisément possible.

■ Choisissez et observez attentivement cet objet avant de vous mettre en position horizontale.

■ Dans un premier temps, votre visualisation s'effectuera en une seule dimension. Prenez une des faces de l'objet et imprimez-en toutes les données dans votre esprit : format, configuration...

■ Lorsque vous serez persuadé qu'aucun détail ne vous échappe, mettez-vous en position.

■ Fermez les yeux. Vous allez reconstituer soigneusement l'objet ainsi observé, en vous appliquant pour que votre image soit le plus conforme possible à la réalité.

Mantras et Musicothérapie

LE MANTRA

Le mantra de **Manipura** : c'est **RAM**

- Répétez ce mantra d'une voix douce pour commencer, presque en murmurant et élevez le ton progressivement.
- Vous pouvez aussi le répéter à voix basse en sourdine, pour faire vibrer vos cordes vocales.
- Ressentez ces vibrations parcourir votre corps et l'énergie du son entrer en vous.
- Respirez lentement et prononcez le mantra au moment de l'expiration.
- Prenez un temps de repos, répétez dans votre tête le mantra durant l'inspiration et répétez-le à haute voix en expirant.

LA NOTE

La note de **Manipura** : c'est **MI.** Si vous disposez d'un instrument de musique (une simple flûte traversière, en vente dans toutes les librairies scolaires suffit). Répétez cette note plusieurs fois dans la journée. Au besoin même chantez-la ou sifflotez-la.

MUSICOTHÉRAPIE

Voici les morceaux de musique classique recommandés par les musicothérapeutes pour rétablir l'harmonie vibratoire de **Manipura** :

- La messe en si mineur (Credo) de *Bach*.
- La chevauchée des Walkyries de *Wagner*.

4. ANAHATA

La Pureté

Noms courants	*Localisation*	*Aura énergétique*
Chakra du coeur Centre d'énergie cardiaque Chakra de l'amour	Poitrine Région du coeur Partie inférieure des poumons Peau	Détermination Équilibre Amour (humain, divin, sacré, profane) Estime de soi et des autres

Organes régis	*Troubles physiques*	*Troubles psychiques*
Thymus Système cardio-vasculaire Poumons Derme et épiderme	Troubles cardio-vasculaires Difficultés respiratoires Asthme. Allergies Démangeaisons Urticaire	Intransigeance Bouffées de haine Instabilité d'humeur Aigreur Egoïsme Dénigrement de soi

ANAHATA

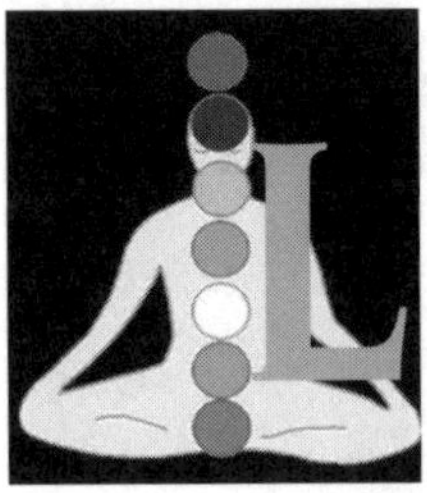

Le quatrième chakra correspond à l'élément AIR. Il est situé sur la ligne médiane, sur le sternum. Il est lié au cœur et à la circulation sanguine. Le chakra du cœur est le plus vulnérable, tant sur le plan physique que spirituel, car il reçoit les impulsions des deux côtés de la balance. Son rôle est d'intégrer et d'équilibrer les domaines de l'esprit et du corps.

LE SOUFFLE DE LA VIE

L'amour, au même titre que le pouvoir, est quelque chose dont nous avons besoin, que nous désirons constamment. Le chakra du cœur nous permet de nous rendre compte que les cycles décrits précédemment ne peuvent s'effectuer sans qu'il existe certaines relations entre eux.

Pour maintenir toutes ces relations, il faut une force plus grande, une force qui les équilibre : c'est celle du quatrième chakra.

L'Air, élément du chakra du cœur, représente aussi la respiration, le processus vital qui nous apporte la vie.

Le souffle de la vie se nomme *prâna* pour les Hindous, *chi* pour les Chinois et *ki* pour les Japonais. Dans un cas comme dans l'autre, c'est l'essence même de la vie car si nous cessons de respirer, nous cessons de vivre.

La respiration est l'un de nos outils les plus précieux pour nous transformer. Grâce à elle, nous brûlons nos toxines, nous relâchons des tensions et des émotions, nous changeons la structure de notre corps ainsi que celle de notre conscience.

Le niveau de conscience du chakra du cœur se situe dans les sentiments de l'amour universel que nous donnons et que nous recevons aussi.

C'est en aimant que nous arrivons à transcender notre corps physique pour atteindre les niveaux plus élevés de spiritualité. C'est aussi grâce à l'amour que les chakras supérieurs peuvent aider notre cœur à se maintenir en bonne santé et à poursuivre son évolution.

Le meilleur exercice pour harmoniser ce chakra est le pardon (voir page 93).

Pardonner le mal que les autres ont pu nous faire, nous pardonner à nous-même est la seule façon de nous libérer de l'emprise des sentiments négatifs comme la haine et l'envie, qui nous empêchent d'évoluer.

HYGIÈNE ALIMENTAIRE

Les aliments favorables au chakra du cœur sont les légumes. Ceux-ci sont le produit de la photosynthèse, dérivée de l'énergie prâna solaire, une fonction que notre organisme ne peut produire de lui-même.
La couleur prédominante des légumes est aussi celle du chakra du cœur, soit le vert.

Le chakra du cœur est relié au **corps astral**. Ce niveau a une importance unique : il forme le pont entre les trois enveloppes précédentes, qui sont reliées ponctuellement à notre corps physique et à la réalité matérielle, et les trois enveloppes qui sont reliées essentiellement à la réalité spirituelle.

Comme nous formons un tout, il s'effectue un échange d'informations et d'énergie constant entre les trois niveaux et les autres, mais il existe des différences entre l'énergie provenant des corps reliés directement à l'aspect matériel de notre être et les niveaux cinq, six et sept.

Un pont entre les dimensions matérielles et spirituelles

Le quatrième niveau, par l'entremise du chakra du cœur, sert de pont reliant les dimensions matérielle et spirituelle.

Cependant, son rôle ne s'arrête pas là : le chakra du cœur filtre les énergies et les transforme de sorte que l'énergie provenant du plan matériel puisse circuler sur le plan spirituel, et vice versa.

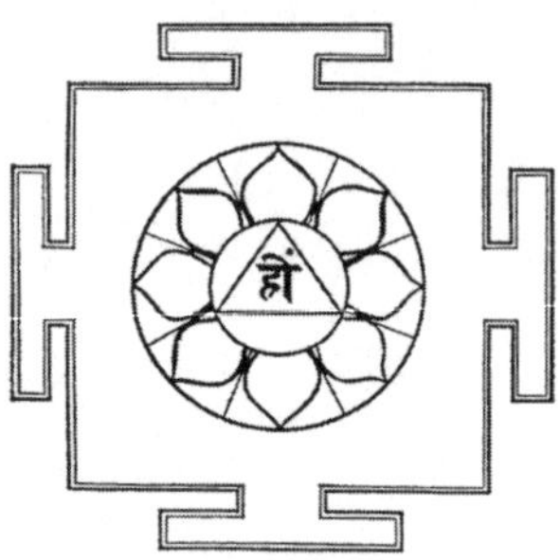

Yantra de méditation pour revitaliser Anahata, le chakra du cœur.

Le pardon et les dettes karmiques

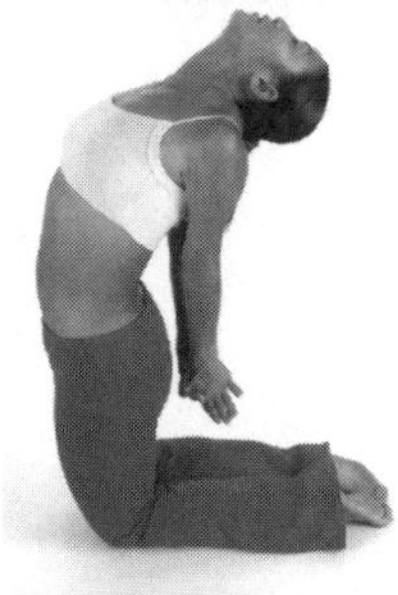

Cet exercice essentiel libère notre conscience du poids des dettes karmiques et nous permet de liquider les énergies négatives qui nous bombardent sans relâche. C'est un exercice très simple, il suffit de répéter dans notre tête le texte suivant.

Je profite de ce moment pour pardonner
À tous ceux qui ont pu me faire du mal
Consciemment ou non.

Je me pardonne le mal que
J'ai pu causer aux autres
Consciemment ou non.

Je me pardonne aussi le mal
Que je me suis causé à moi-même.

Je sens tout l'amour que mes guides
et l'Univers lui-même éprouvent pour moi
et je me sens aimé inconditionnellement.

Je retourne cet amour à la mesure de mes capacités
et je prends la résolution de ne pas m'enfermer
dans la culpabilité sans fin.

Pierres et Couleurs

CHROMOTHÉRAPIE

La couleur du centre d'énergie du cœur c'est le **vert**.

■ Le matin au réveil et le soir, avant de vous endormir, visualisez-vous entouré d'une bulle de couleur verte.

■ Ajoutez également une touche de vert à votre tenue vestimentaire.

LITHOTHÉRAPIE

Chaque soir, pendant 15 mn, placez une des pierres suivantes sur le chakra du cœur : **Émeraude. Aventurine. Jade.**

ÉLIXIR DE PIERRE

Vous pouvez aussi bénéficier de l'énergie vibratoire d'une de ces pierres ainsi que de ses précieux oligo-éléments en la laissant "macérer" une nuit dans de l'eau légèrement citronnée. À boire sans modération.

Plantes et Fleurs

PHYTOTHÉRAPIE

Rose. Menthe verte.

■ À prendre le soir, une de ces bonnes plantes, en tisane, infusée 5 minutes dans de l'eau bouillante.

■ Pensez aussi à la confiture de rose. À l'eau de rose, précieuse pour la beauté de votre peau et aux parfums et encens à la rose.

AROMATHÉRAPIE

Huile essentielle de **rose** et de **menthe**. 3 gouttes dans le bain du soir ou/et en massage circulaire sur Anahata.

FLORITHÉRAPIE

Élixir floral du Dr Bach n° 17: **Hornbeam** (Charme) qui, active le chakra du cœur.

3 gouttes dans un verre d'eau à boire, fractionné, tout au long de la journée.

Magnétisme et Reiki

LE SOUFFLE QUI GUÉRIT

Il est possible - et souvent très efficace - d'associer le souffle aux passes magnétiques sur les chakras.

On distingue deux types de souffles : le chaud et le froid.

■ **Le souffle chaud** est identique à celui qui sert à embuer une vitre ou un miroir. La bouche est arrondie, ouverte et le souffle est fort, il a une action de soulagement.

■ **Le souffle froid** est identique à celui qui sert à refroidir un plat trop chaud. La bouche est pincée, presque fermée. Il a une action stimulante

■ Vous devez vous exercer à utiliser l'un ou l'autre, selon le résultat que vous souhaitez obtenir et, bien entendu, le degré d'intimité que vous avez avec votre patient.

■ Vous devez aussi découvrir laquelle de ces deux techniques vous convient le mieux et ne pas hésiter à conjuguer les deux.

L'acte de guérir ou, simplement de soulager
la douleur des êtres qui vous sont chers
est certainement, la plus belle preuve
d'amour que vous puissiez leur donner.

Magnétisme et Reiki

COMMENT DEVENIR MAGNÉTISEUR

Nous possédons tous du magnétisme et, si vous avez le désir vrai de soulager ceux que vous aimez vous pouvez, grâce à la pratique, développer ce pouvoir secret qui est en vous. Il vous suffit, pour cela, de respecter quelques règles très simples et d'oser : car c'est en magnétisant que l'on devient magnétiseur.

■ Votre santé est importante. Vous devez avoir une bonne hygiène de vie, une excellente alimentation et un temps de repos suffisant.

■ Vous apprendrez les techniques de relaxation et les utiliserez pour vous-même et ceux que vous désirez aider à s'auto-guérir. Il existe, pour cela, d'excellentes cassettes ou CD en vente dans les librairies ésotériques.

■ Un travail sur la respiration s'avérera souvent nécessaire et le yoga vous permettra de travailler sur votre souffle.

■ Pour vous "recharger" en magnétisme, une marche quotidienne dans un lieu sain et non pollué, si possible pieds nus est vivement recommandée.

■ Vous adosser le plus souvent possible à un arbre, puissant et majestueux, paumes à plat sur son tronc, vous permettra également d'exalter votre magnétisme.

■ L'apprentissage de la concentration sera votre travail de base.

■ Quant à l'écoute, au mot qui réconforte : ce sont des qualités indispensables pour devenir un bon magnétiseur.

Méditation et Postures

LA RESPIRATION PROFONDE

■ Il suffit de vous asseoir confortablement et de porter attention à votre processus de respiration.

■ Respirez profondément en envoyant l'air de vos poumons jusqu'à votre abdomen, puis dans votre thorax et, finalement, dans votre gorge.

■ Expirez en renversant cet ordre. Répétez l'exercice à plusieurs reprises.

LE SOUFFLE DU DRAGON

Il s'agit d'une respiration rapide où l'air est expulsé violemment par votre diaphragme.

■ Inspirez en relâchant les muscles de votre abdomen et expirez en les contractant.

■ Respirez rapidement environ 50 fois, puis prenez une respiration profonde et recommencez.

Méditation et Postures

VIVRE L'INSTANT PRÉSENT

Nos possibilités de vivre pleinement l'instant présent dépendent de la maîtrise de notre mental.

Le centrage dans l'espace et le temps revitalise nos chakras et, en particulier le chakra du cœur qui a tendance à suivre, de manière indisciplinée, le cours de nos émotions. Voici quelques astuces pour y parvenir.

■ Laissez défiler vos pensées librement au moins 5 minutes par jour. Au départ, le flux sera important mais si vous continuez à pratiquer cet exercice quotidiennement, vous verrez ce flux ralentir puis devenir insignifiant.

■ Vous pouvez également observer votre respiration en vous attachant à percevoir les intervalles entre inspir et expir. Suivez le flux et le reflux de l'air, tout en poursuivant vos activités quotidiennes. Vous cultiverez ainsi le recul face aux événements extérieurs.

■ Un autre exercice consiste à bloquer votre respiration aussi longtemps que possible sans que cette situation devienne inconfortable.

Le mental étant relié à l'élément feu, il est donc activé par l'air. Lorsque nous sommes en apnée, les pensées ralentissent et notre perception devient celle de l'instant présent.

Mantras et Musicothérapie

LE MANTRA

Le mantra de **Anahata** : c'est **YAM**

- Répétez ce mantra d'une voix douce pour commencer, presque en murmurant et élevez le ton progressivement.
- Vous pouvez aussi les répéter à voix basse en sourdine, pour faire vibrer vos cordes vocales.
- Ressentez ces vibrations parcourir votre corps et l'énergie du son entrer en vous.
- Respirez lentement et prononcez le mantra au moment de l'expiration.
- Prenez un temps de repos, répétez dans votre tête le mantra durant l'inspiration et répétez-le à haute voix en expirant.

LA NOTE

La note de **Anahata** : c'est **FA.** Si vous disposez d'un instrument de musique (une simple flûte traversière, en vente dans toutes les librairies scolaires suffit). Répétez cette note plusieurs fois dans la journée. Au besoin même chantez-la ou sifflotez-la.

MUSICOTHÉRAPIE

Voici les morceaux de musique classique recommandés par les musicothérapeutes pour rétablir l'harmonie vibratoire de **Anahata** :

- **Pélléas et Mélisande (Prélude) de F*auré*.**
- **Le rêve d'amour de L*istz*.**

5. VISHUDDA

La Purification

Noms courants	Localisation	Aura énergétique
Chakra de la gorge Chakra laryngé Centre d'énergie de la parole et de la communication	Gorge. Larynx Partie supérieure des poumons Oreilles Nez	Parole Expression Écriture Communication Pureté

Organes régis	Troubles physiques	Troubles psychiques
Thyroïde Larynx Cordes vocales Tympans	Enrouement Rhumes chroniques Angines Sinusites Otites	Voix éraillée ou mal placée Bégaiement Sensation d'étouffer

VISHUDDA

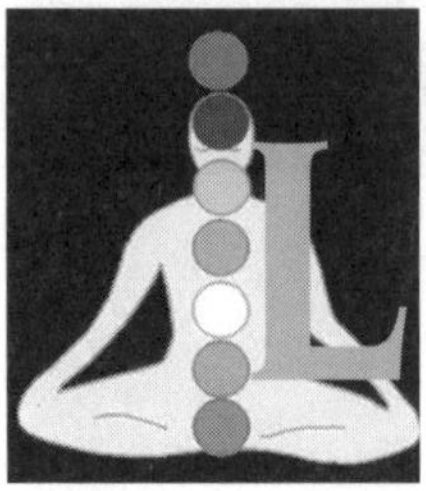

LE cinquième chakra est situé au niveau de la gorge. Il est relié aux poumons, aux bronches, aux cordes vocales et à la glande thyroïde. C'est le sommet des chakras physiques. Visuddha est aussi le chakra de la purification, ce qui implique deux choses :

1. Pour arriver à ce chakra et l'ouvrir avec succès, le corps doit atteindre un certain état de pureté.

2. Le son en tant que vibration est une force qui existe dans tout et son effet purifie. Le son altère la structure cellulaire de la matière. Ce qui explique que le chakra de la gorge est aussi celui de la communication.

Un état de connexion avec le Grand Tout

La communication est le moyen qui permet à la conscience d'aller d'une place à l'autre. Cette communication n'est pas nécessairement verbale : c'est un état de connexion avec le Grand Tout. C'est le principe de connexion qui permet la vie grâce aux messages contenus dans notre ADN qui forment les cellules vivantes de notre corps.

L'élément associé à ce chakra est l'éther, aussi appelé Akasha. Une sorte de réservoir cosmique dont parlent toutes les Traditions et qui, en langage psi peut se traduire par inconscient collectif ou encore mémoire collective.

Le niveau de conscience du chakra de la gorge se situe dans la parole, que ce soit celle que nous prononçons ou celle que nous entendons. Ce chakra nous permet de communiquer, d'exprimer nos besoins, nos idées, nos projets.

C'est par la parole que nous pouvons partager nos projets et, par la suite les concrétiser.

Le dicton : ***Du choc des idées provient la lumière*** exprime bien l'importance de la parole.

Pour exercer ce chakra et l'harmoniser, la musique est très appropriée.

Il faut aussi apprendre à écouter les autres afin de découvrir ce qu'ils ont à partager avec nous.

Le niveau de conscience de ce chakra se définit sur le plan des idées, des idéaux qui servent l'humanité en la libérant de l'ignorance. C'est par la connaissance que nous ouvrons ce chakra.

HYGIÈNE ALIMENTAIRE

Les fruits correspondent à Vishuddha, le chakra de la gorge. Les fruits contiennent généralement un taux élevé de vitamine C ainsi que des sucres naturels, ce qui en fait, parmi les aliments solides, les plus faciles à digérer. Leur action est bénéfique sur plusieurs plans, notamment pour nettoyer l'organisme et pour stimuler la région de la gorge. Les légumes verts sont également bénéfiques au chakra n° 5. Mais les légumes secs ou trop farineux sont à proscrire si ce chakra donne des signes de faiblesse.

Le chakra de la gorge est relié au corps éthérique. Cette enveloppe est appelée ainsi, car elle contient tous les éléments du corps physique sous forme de plan ou de modèle.

Ce corps sert de gabarit au corps éthérique du premier niveau, qui lui-même sert de modèle au corps physique.

Le corps éthérique modèle contient la forme parfaite de notre corps. Ce niveau correspond, sur le plan spirituel, à notre corps physique : l'énergie qu'il projette permet à notre corps de s'optimiser.

Nous avons besoin de l'énergie du corps éthérique du premier niveau ainsi que de celle du corps éthérique du modèle du cinquième niveau. Le problème réside dans la nature de l'énergie ou dans la qualité de celle-ci. L'énergie du premier niveau provient d'éléments reliés directement au monde matériel, physique : tous les maux, toutes les imperfections qui affligent notre corps se transposent sur le corps éthérique.

L'énergie du cinquième niveau préserve le plan de notre corps. C'est ici que nous pouvons comprendre l'importance du chakra du cœur dans son travail de transformation de l'énergie. En effet, Lorsque l'énergie du premier niveau arrive au chakra du cœur, elle envoie un message au cinquième niveau, qui peut répondre en envoyant l'énergie nécessaire pour le rétablissement du corps physique.

Le son vecteur de purification

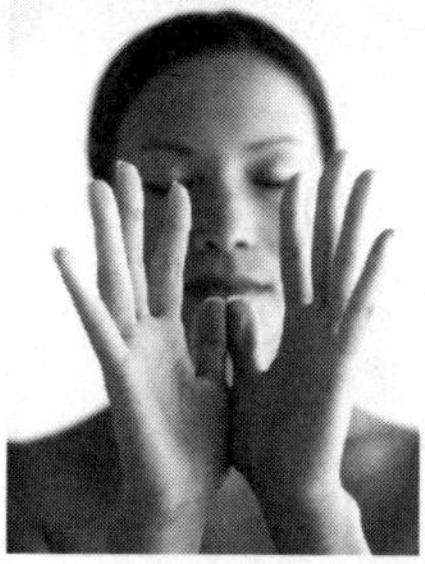

Le cinquième chakra est aussi celui de la purification, ce qui implique deux choses.

1. Pour arriver à ce chakra et l'ouvrir avec succès, le corps doit atteindre un certain état de pureté.

2. Le son en tant que vibration est une force qui existe dans tout et son effet purifie. Le son altère la structure cellulaire de la matière. Ce qui explique que le chakra de la gorge est aussi celui de la communication.

Comment rééquilibrer Vishudda ?

- En utilisant, pour le stimuler des pierres en relation directe avec sa couleur. C'est-à-dire en faisant appel à **la Lithothérapie et la Chromothérapie**.
- En utilisant le pouvoir des plantes qui lui correspondent. C'est-à-dire en faisant appel à **la Phytothérapie et à la Florithérapie**.
- En utilisant, l'imposition des mains ou le massage. C'est-à-dire en faisant appel au **Magnétisme et au Reiki**
- En utilisant l'inspiration et la respiration. C'est-à-dire en faisant appel à **la Méditation et aux Postures**.
- En utilisant, le pouvoir des sons pour rétablir l'harmonie vibratoire. C'est-à-dire en faisant appel aux **Mantras et à la Musicothérapie**.

Pierres et Couleurs

CHROMOTHÉRAPIE

La couleur du centre d'énergie du larynx c'est le **bleu ciel**.

■ Le matin au réveil et le soir, avant de vous endormir, visualisez-vous entouré d'une bulle de couleur bleu ciel.

■ Ajoutez également une touche de bleu ciel à votre tenue vestimentaire.

LITHOTHÉRAPIE

Chaque soir, pendant 15 mn, placez une des pierres suivantes sur le chakra du larynx : **Aigue-marine. Saphir.**.

ÉLIXIR DE PIERRE

Vous pouvez aussi bénéficier de l'énergie vibratoire d'une de ces pierres ainsi que de ses précieux oligo-éléments en la laissant "macérer" une nuit dans de l'eau légèrement citronnée. À boire sans modération.

Plantes et Fleurs

PHYTOTHÉRAPIE

Sauge. Mélisse.

■ À prendre le soir, une de ces bonnes plantes, en tisane, infusée 5 mn dans de l'eau bouillante.

■ Pensez aussi à la sauge pour accompagner vos viandes blanches. Pulvérisez ses feuilles et mélangez-les à de l'argile verte pour un masque efficace contre les peaux grasses.

AROMATHÉRAPIE

Huile essentielle de **sauge ou de mélisse**. 3 gouttes dans le bain du soir ou/et en massage circulaire sur **Vishudda**.

FLORITHÉRAPIE

Élixir floral du Dr Bach n° 6 : **Cherry Plum** (Prune) qui active et réharmonise le chakra de la gorge.

3 gouttes dans un verre d'eau à boire, fractionné, tout au long de la journée.

Magnétisme et Reiki

LES PASSES MAGNÉTIQUES

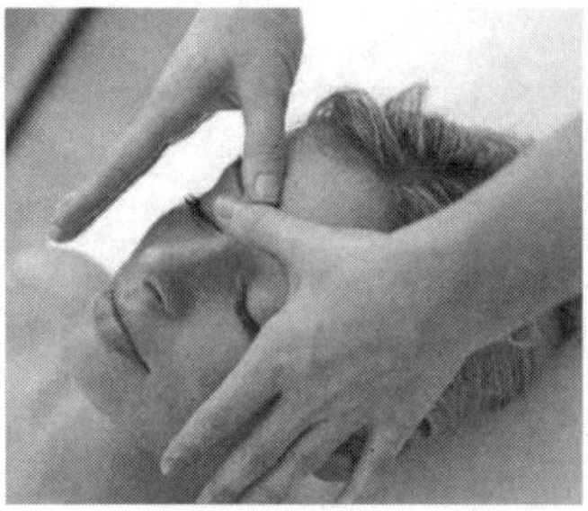

1. Les passes longitudinales

Elles se pratiquent dans le sens de la longueur.

Elles sont dites courtes (de la tête à l'épigastre, ou de la poitrine aux pieds).

■ Se placer devant le sujet debout ou couché.

■ Réunir les deux mains au-dessus de la tête, à 20 cm.

■ Ouvrir largement les mains comme si on versait un liquide retenu jusque-là dans le creux des mains.

■ Les mains ouvertes descendent alors le long du corps, en épousant la forme de manière à garder à peu près la même distance.

■ Arrivé en bas de la trajectoire, refermer les mains comme pour garder le fluide. Reculer légèrement, puis ramener les mains toujours fermées, au-dessus de la tête du patient.

■ Rouvrir les mains comme précédemment, et recommencer le mouvement le long du corps.

■ Ce mouvement sera exécuté 20 fois.

2. Les passes longitudinales à grands courants

Ces passes sont dites à grands courants lorsqu'elles sont appliquées sur toute la longueur et enchaînées rapidement. Leur action est décongestionnante et stimulante.

Magnétisme et Reiki

3. Les passes à petits courants

Ces passes sont dites à petits courants quand elles sont limitées à une petite partie du corps et exécutées à un rythme assez lent. Elles ont une action plus locale et pénétrante que les passes à grands courants qui influencent modérément tout l'organisme.

4. Les passes transversales

Elles s'effectuent dans le sens de la largeur du corps du patient.

■ Se placer face au sujet, les bras tendus en avant, paumes ouvertes.

■ Imprimer aux avant-bras des mouvements latéraux de sorte que les mains se croisent et se décroisent, en même temps qu'elles descendent de la tête aux pieds.

■ La distance entre les paumes et le corps restera constante (15 à 20 cm).

■ Arrivé en fin de trajectoire (épigastre pour les passes courtes, pieds pour les passes longitudinales) : refermer les mains puis les remonter au niveau de la tête du patient.

■ Rouvrir ensuite les mains, comme pour protéger le fluide dans les paumes, amorcer un nouveau mouvement descendant avec croisement et décroisement des avant-bras.

Méditation et Postures

LA MUSIQUE DES SPHÈRES

L'exercice que je vous propose est très simple, mais demande une certaine concentration : il s'agit de pénétrer à l'intérieur d'une musique de manière à ouvrir et harmoniser le chakra n° 5 qui est très sensible aux sons.

À ÉVITER : La musique vocale. Les musiques trop puissantes comme les *Carmina Burrana* de Carl Orff, ou La *Chevauchée des Walkyries* de Wagner. Les musiques légères ou planantes, comme celles de Vangélis ou Jarre, qui pourraient dissoudre votre esprit dans l'espace.

Mis à part ces contre-indications, vous pouvez choisir des musiques instrumentales avec lesquelles vous vous sentez en affinité.

■ Votre choix est fait sur votre chaîne : l'exercice peut commencer...

■ Placez sous votre divan un bol d'eau, pour renforcer votre protection psychique.

■ Éclairez la pièce naturellement : bougies ou lampe à huile et brûlez de l'encens, pour faciliter le voyage.

■ Revêtez une tenue légère et ample (coton ou lin, en évitant le synthétique). Allongez-vous, confortablement.

La musique vient d'envahir votre espace vital, ne pensez plus à rien, sinon à vous laisser entraîner totalement par son flot.

Méditation et Postures

EXERCICES POUR TONIFIER LE CHAKRA DU COU

**Pendant l'exercice respiratoire,
visualisez l'énergie cosmique pénétrant
par le bulbe rachidien,
à la base postérieure du crâne puis
procédez à la rotation du cou.**

Exercice de respiration

■ Inspirez lentement en contractant les muscles des bras et les poings, le plus fortement possible (*fig.* 1)

■ Expirez lentement en pliant légèrement les jambes et en poussant avec les mains devant vous, comme si vous poussiez un objet très lourd. (F*ig.* 2).

L'exercice de rotation du cou

■ Positionnez-vous debout les jambes légèrement écartées.

■ Penchez la tête alternativement à droite, à gauche, en avant, en arrière, très lentement.

■ Faites cet exercice 4 à 5 fois de suite, chaque jour, lorsque votre Vishudda est déficient.

Ces exercices, issus du hatha kriya yoga sont universels : on les pratique en Perse, Inde, Égypte *ancienne.*

Mantras et Musicothérapie

LE MANTRA

Le mantra de **Vishudda** : c'est **HAM**

- Répétez ce mantra d'une voix douce pour commencer, presque en murmurant et élevez le ton progressivement.
- Vous pouvez aussi le répéter à voix basse en sourdine, pour faire vibrer vos cordes vocales.
- Ressentez ces vibrations parcourir votre corps et l'énergie du son entrer en vous.
- Respirez lentement et prononcez le mantra au moment de l'expiration.
- Prenez un temps de repos, répétez dans votre tête le mantra durant l'inspiration et répétez-le à haute voix en expirant.

LA NOTE

La note de **Vishudda** : c'est **SOL.** Si vous disposez d'un instrument de musique (une simple flûte traversière, en vente dans toutes les librairies scolaires suffit). Répétez cette note plusieurs fois dans la journée. Au besoin même chantez-la ou sifflotez-la.

MUSICOTHÉRAPIE

Voici les morceaux de musique classique recommandés par les musicothérapeutes pour rétablir l'harmonie vibratoire de **Vishudda** :

- Symphonie n° 4 (premier mouvement) de *Mahler*.
- Sarabande de *Haëndel*.

6. AJNA

La lumière

Noms courants	*Localisation*	*Aura énergétique*
Chakra du front Chakra du troisième œil Chakra de la vision intérieure	Entre les deux sourcils Derrière le crâne à la même hauteur	Intuition Stimulation et développement des pouvoirs extrasensoriels Clairvoyance
Organes régis	***Troubles physiques***	***Troubles psychiques***
Hypophyse Glande pinéale	Hyperactivité Migraines Crampes Troubles du système nerveux central	Confusion mentale Absences Troubles de l'équilibre

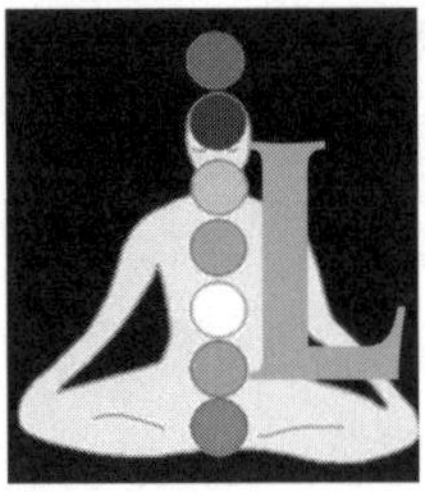

AJNA

Le sixième chakra est situé à la racine du nez, entre les deux yeux. C'est le célèbre "3e Œil". Il est connecté avec la glande pituitaire, l'hypophyse et l'hypothalamus. Il est lié au nez, aux oreilles, au système nerveux, et concerne la partie cérébrale antérieure. L'élément du chakra du troisième œil est la lumière. Ajna ne s'intéresse pas seulement à l'aspect psychique de la vision : il accorde aussi une très grande importance aux yeux physiques, l'outil de perception visuelle de notre cerveau.

Perceptions extrasensorielles

La vision est l'un de nos sens les plus importants. Près de 90 % de toute l'information que nous recevons vient de la vue et est emmagasinée sous forme d'images.

Il existe plusieurs moyens de collecter cette information et de la situer en relation avec le temps :

- La perception directe, celle que l'on reçoit dans le présent, par nos yeux.
- La mémoire, qui se situe en relation avec le passé, les souvenirs que nous nous remémorons sous forme de pensées et d'images.
- L'imagination qui se situe à tous les niveaux du temps : passé, présent et futur, et dont les images prennent forme dans notre esprit, plus précisément dans notre intellect.
- Les rêves, qui sont impossibles de situer dans le temps.
- La précognition ou la clairvoyance, qui se situe dans le futur.

Le niveau de conscience du chakra du troisième œil se situe dans nos facultés extrasensorielles.

C'est en apprenant à visualiser, à voir avec notre esprit que nous exerçons ce chakra et que nous l'harmonisons.

La méditation et les exercices pour accroître nos facultés psychiques permettent d'ouvrir davantage ce chakra et de bénéficier des dons qui sont latents en chacun de nous.

Le niveau de conscience de ce chakra se caractérise vraiment par la compréhension du rôle que nous avons à jouer au service des autres. Nous n'acquérons pas ces dons psychiques pour soi mais pour les mettre au service de ceux qui en ont besoin.

HYGIÈNE DE VIE

Il est assez difficile de recommander des aliments pour les deux derniers chakras, leur nature étant purement spirituelle. En revanche, certaines substances peuvent avoir un effet sur ces chakras, notamment : la marijuana, le LSD, les champignons hallucinogènes. Ces substances sont reconnues pour affecter, de façon bénéfique ou non, nos deux chakras supérieurs en altérant notre niveau de conscience. Par contre, les dangers inhérents à ces substances sont plus importants que l'effet qu'elles peuvent procurer.

Leur composé chimique domine l'état de conscience et il devient impossible de travailler consciemment. Les dommages causés par ces substances aux chakras sont le plus souvent irréversibles et annulent tout travail bénéfique sur le plan de la conscience.

Le chakra du troisième œil est relié au corps céleste. Le corps céleste est une enveloppe lumineuse opalescente avec des reflets or et argent. Il peut sembler informe en raison de sa luminosité et des rayons de qui fusent de son centre.

Ce niveau correspond aux émotions spirituelles. C'est le niveau où nous accédons à l'extase mystique, ou l'être comprend qu'il ne fait qu'un avec l'Univers.

Toutes les expériences mystiques et religieuses sont ressenties à ce niveau.

Lorsqu'un être parvient à ce niveau de conscience à l'aide de la méditation et d'autres exercices, il perçoit la lumière et l'amour dans tout ce qui existe.

UN FLOT D'AMOUR INCONDITIONNEL

Un canal s'ouvre entre son chakra du cœur et son chakra céleste où coule un flot d'amour inconditionnel.

Ce lien entre les deux chakras permet la combinaison entre l'amour que nous éprouvons pour les êtres et l'Univers, et l'extase mystique découlant de l'amour spirituel qui transcende la réalité matérielle.

De cette union naît l'amour inconditionnel. Ce corps éthérique est aussi le siège de nos facultés extrasensorielles, de nos talents psychiques.

L'ombre et la lumière

L'élément de ce chakra du troisième œil est la lumière. Notre culture occidentale possède un fort préjugé contre les ténèbres : celui-ci date de l'Antiquité, où la nuit était une période dangereuse et peu sûre. Par contre, la lumière et l'ombre se complètent : l'une ne peut exister sans l'autre. C'est le jeu entre les deux qui nous permet de percevoir les teintes et les couleurs. Il faut accepter l'ombre au même titre que la lumière, cela nous permet d'accéder à toute la gamme des informations visuelles et permet à ce chakra de fonctionner de façon optimale.

Comment rééquilibrer Ajna ?

- En utilisant, pour le stimuler, des pierres en relation directe avec sa couleur. C'est-à-dire en faisant appel à **la Lithothérapie et la Chromothérapie**.
- En utilisant le pouvoir des plantes qui lui correspondent. C'est-à-dire en faisant appel à **la Phytothérapie et à la Florithérapie**.
- En utilisant, l'imposition des mains ou le massage. C'est-à-dire en faisant appel au **Magnétisme et au Reiki**
- En utilisant l'inspiration et la respiration. C'est-à-dire en faisant appel à **la Méditation et aux Postures**.
- En utilisant, le pouvoir des sons pour rétablir l'harmonie vibratoire. C'est-à-dire en faisant appel aux **Mantras et à la Musicothérapie**.

Pierres et Couleurs

CHROMOTHÉRAPIE

La couleur du centre d'énergie du 3e œil c'est **L'indigo**.

■ Le matin au réveil et le soir, avant de vous endormir, visualisez-vous entouré d'une bulle de couleur indigo.

■ Ajoutez également une touche d'indigo à votre tenue vestimentaire.

LITHOTHÉRAPIE

Chaque soir, pendant 15 mn, placez une des pierres suivantes sur le chakra du 3e œil : **Sodalite. Tanzanite.**

ÉLIXIR DE PIERRE

Vous pouvez aussi bénéficier de l'énergie vibratoire d'une de ces pierres ainsi que de ses précieux oligo-éléments en la laissant "macérer" une nuit dans de l'eau légèrement citronnée. À boire sans modération.

Plantes et Fleurs

PHYTOTHÉRAPIE

Passiflore. Bourrache. Menthe.

À prendre le soir, une de ces bonnes plantes, en tisane, infusée 5 mn dans de l'eau bouillante. Vous pouvez bien sûr aussi les utiliser en alternance.

AROMATHÉRAPIE

Huile essentielle de **passiflore, menthe ou jasmin**. 3 gouttes dans le bain du soir ou/et en massage circulaire sur Ajna.

FLORITHÉRAPIE

Élixir floral du Dr Bach n° 22 : **Oak** (Chêne) qui, active le chakra du troisième œil.

3 gouttes dans un verre d'eau à boire, fractionné, tout au long de la journée.

Magnétisme et Reiki

LE TOUCHER GUÉRISSEUR

Il existe d'autres techniques de magnétisations qui procèdent par contact c'est-à-dire que le magnétiseur touche avec ses mains et (parfois même la plante des pieds) telle ou telle partie du corps du patient. Ces procédés (bien qu'illégaux, rappelons-le) donnent en général des résultats intéressants surtout dans un traitement d'organes internes, grâce à une plus grande pénétration du fluide.

La technique de base dans le procédé par attouchement est l'application simple. On pose à plat la main ou les deux sur la partie malade, la paume est maintenue en contact, sans pression, pendant un quart d'heure environ.

L'EFFLEURAGE

L'effleurage consiste à déplacer la paume sur une partie du corps plus ou moins grande sans perdre le contact.

Il peut également s'effectuer avec un ou plusieurs doigts qui effleurent la partie malade ; la durée ne doit pas excéder une dizaine de minutes.

Magnétisme et Reiki

L'effleurage sur tout le corps se fait en 2 temps :

1. Effleurage descendant du sommet de la tête jusqu'à la ceinture.
2. Effleurage de la poitrine jusqu'aux orteils.

Le massage est un degré supérieur de l'application. La paume étant posée sur la partie à soigner, on exerce une légère pression.

LE MASSAGE

Le massage est un degré supérieur de l'application. La paume étant posée sur la partie à soigner, on exerce une légère pression.

Le massage peut être statique : La paume exerce des pressions successives entrecoupées de relâchements comme dans un mouvement de "pompage".

Le massage peut être dynamique : il s'effectue alors avec des déplacements latéraux, dans le sens des aiguilles d'une montre. Tout en maintenant la pression de la paume, on décrit des cercles autour du centre de la partie lésée.

Le massage peut être complet : Il consiste, comme dans l'effleurage de tout le corps, à faire circuler la paume ou les deux simultanément sur les côtés jusqu'à la ceinture, puis de la poitrine jusqu'à l'extrémité des pieds. Ces mouvements seront rapides ou lents selon que l'on désire une action superficielle ou profonde.

Méditation et Postures

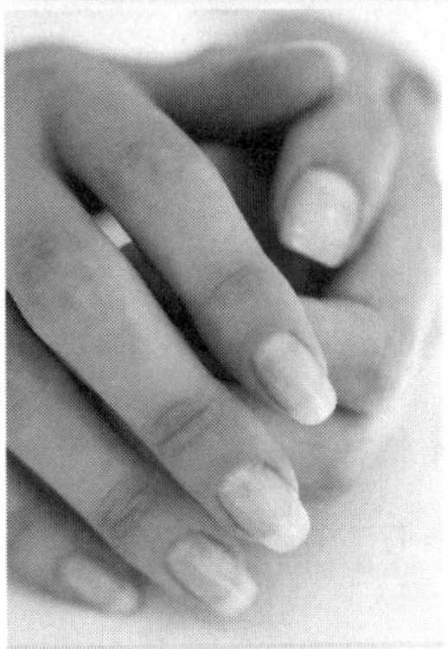

Cet exercice a pour but de revitaliser le chakra n° 6 en vous faisant prendre conscience - physiquement - de l'énergie qui est en vous. Ajna a, en effet, tendance à vous faire planer, il est donc indispensable de rétablir l'équilibre pour que corps et esprit ne se dissocient pas.

MOBILISEZ L'ÉNERGIE QUI EST EN VOUS

■ Détendez-vous et respirez profondément.

■ Frottez vos paumes ensemble une vingtaine de secondes. Lentement pour commencer, puis de plus en plus vite.

■ Sentez vos muscles se tendre. Sentez vos paumes se réchauffer.

■ Arrêtez brusquement et placez vos paumes à cinq centimètres l'une de l'autre. Vous allez ressentir des picotements.

COMMENTAIRE

En frottant les paumes de vos mains ensemble et en mettant à contribution les muscles de vos bras et de vos épaules, vous mobilisez l'énergie.

Cette énergie s'échappe de vos paumes lorsque vous les écartez l'une de l'autre. Si vous ne sentez rien : pratiquez cet exercice une ou deux fois par jour, jusqu'à ce que vous y parveniez.

Méditation et Postures

FAITES ZA-ZEN

Le Zen est une branche du bouddhisme japonais. La pratique la plus connue en Europe est celle de Za-Zen. C'est une façon de méditer simple et efficace qui vous permettra de revitaliser Ajna et de lui donner toute sa dimension spirituelle.

■ Asseyez-vous par terre, en tailleur, sur un petit coussin dur, jambes croisées, pied gauche contre le coussin, pied droit sur la jambe gauche.

■ Restez ainsi le dos bien droit le menton rentré. Les yeux entrouverts.

■ Les mains posées contre votre bas-ventre. Les pouces étendus l'un vers l'autre, sans crispation ni mollesse.

■ Restez assis dans cette posture et laissez passer vos pensées sans vous y accrocher, comme des nuages dans le ciel, afin de calmer le flot permanent de votre mental.

■ Ne pensez qu'à votre respiration : expirez lentement et très profondément, puis laissez l'inspiration se faire naturellement. Celle-ci se régularise et se ralentit (on passe, par exemple, de 14 à 4 cycles par minute) tandis que votre pouls se calme.

Mantras et Musicothérapie

LE MANTRA

Le mantra de Ajna : c'est **AUM ou OM.**

- Répétez ce mantra d'une voix douce pour commencer, presque en murmurant et élevez le ton progressivement.
- Vous pouvez aussi le répéter à voix basse en sourdine, pour faire vibrer vos cordes vocales.
- Ressentez ces vibrations parcourir votre corps et l'énergie du son entrer en vous.
- Respirez lentement et prononcez le mantra au moment de l'expiration.
- Prenez un temps de repos, répétez dans votre tête le mantra durant l'inspiration et répétez-le à haute voix en expirant.

LA NOTE

La note de Ajna : c'est le **Si bémol.** Si vous disposez d'un instrument de musique. Répétez cette note plusieurs fois dans la journée. Au besoin même chantez-la ou sifflotez-la.

MUSICOTHÉRAPIE

Voici les morceaux de musique classique recommandés par les musicothérapeutes pour rétablir l'harmonie vibratoire de Ajna :

- Le Requiem de *Mozart*
- L'hymne à la joie de *Beethoven*.

7. SAHASRARA

Mille pétales

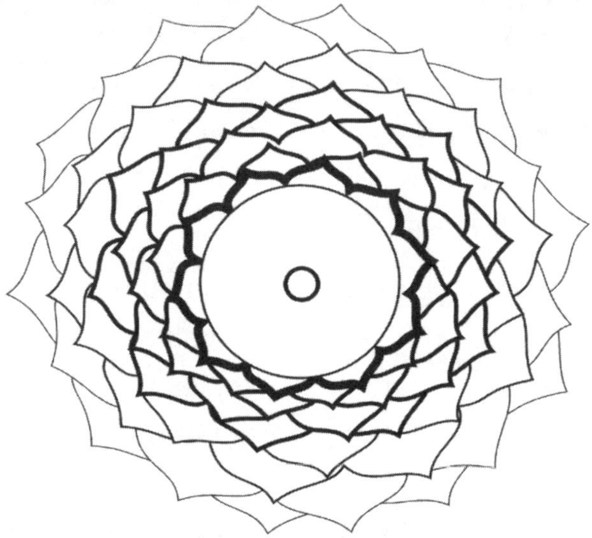

Noms courants	Localisation	Aura énergétique
Chakra de la couronne Chakra cosmique Lotus aux mille pétales Chakra racine	Au sommet du crâne	Intuition de l'éternité Développement de facultés psi Illumination Connaissance

Organes régis	Troubles physiques	Troubles psychiques
Glande pinéale Cortex Epiphyse Cerveau	Angoisses Sudation Migraines Vertiges Troubles oculaires	Perte de mémoire Hallucinations Désordres mentaux Acouphènes Déconcentration

SAHASRARA

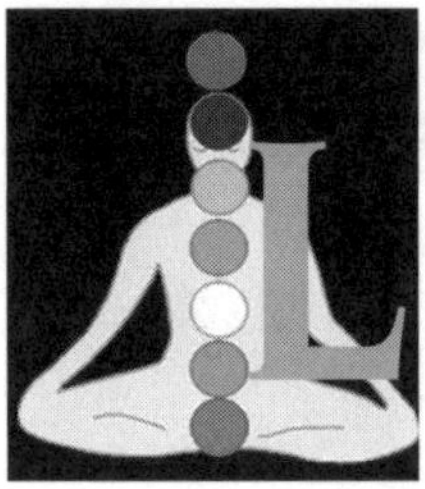

Le septième chakra est centré au niveau du sommet du crâne. Il est en connexion avec la glande pinéale, l'épiphyse, et la partie cérébrale postérieure. Ce chakra échappe au corps physique et même au corps éthérique primaire. Il est *la colombe de l'esprit.*

Tous les autres chakras sont plus ou moins reliés à nos sens physiques. Dans le cas du chakra de la couronne, il n'existe pas vraiment de lien avec les sens ; nous sommes maintenant dans le domaine strictement mental de la pensée. C'est un peu comme si nous avions placé la dernière pièce d'un casse-tête, ce qui nous permet de voir finalement l'image en question.

Le canevas de nos pensées

Le savoir est constitué d'une foule de petites données que nous plaçons en ordre et que notre esprit organise selon des modèles déjà connus.

Notre cerveau est en fait comme un ordinateur qui traite les informations et les organise en modèle. Ces modèles forment le canevas de nos pensées. Toutes ces informations sont emmagasinées dans notre mémoire jusqu'à ce que nous en ayons besoin. Notre conscience nous permet de retirer l'information au moment voulu.

C'est à travers la méditation que nous pouvons accéder le plus facilement à ce niveau, c'est en vidant notre esprit que nous pouvons enfin voir la lumière.

Le niveau de conscience du chakra de la couronne se situe dans la conscience divine. Lorsque ce chakra est pleinement ouvert, nous découvrons que nous ne faisons qu'un avec le divin, que nous faisons partie de l'Univers de façon irrévocable.

C'est le niveau de l'illumination mystique qui transcende toutes les connaissances de l'être humain, toutes les réalités : matérielle, physique, émotive, psychologique et mentale.

Le but ultime de l'être humain est d'atteindre ce niveau consciemment afin de découvrir pleinement sa propre divinité.

Le chakra de la couronne est relié au corps causal. Ce corps apparaît sous la forme d'un œuf de lumière dorée qui englobe toutes les autres enveloppes astrales.

C'est un niveau complexe où se trouvent toutes les informations sur notre plan de vie, nos incarnations antérieures, nos limitations ou nos restrictions, les choses que nous avons à régler au cours de notre incarnation courante et ainsi de suite.

Au milieu de l'œuf, nous pouvons voir la forme d'un corps doré avec tous ses chakras, reproduisant fidèlement la forme de notre corps physique. L'apparence de cette enveloppe donne l'impression de nous tenir au milieu d'une vague de lumière qui vibre à une fréquence très rapide. Lorsque nous nous servons d'énergie psychique, comme celle du reiki, ces corps fluides brillent et sont reliés aux sept chakras principaux.

Pierres et Couleurs

CHROMOTHÉRAPIE

La couleur du centre d'énergie de la tête c'est le **violet**.

■ Le matin au réveil et le soir, avant de vous endormir, visualisez-vous entouré d'une bulle de couleur violette.

■ Ajoutez également une touche de violet à votre tenue vestimentaire.

LITHOTHÉRAPIE

Chaque soir, pendant 15 mn, placez une des pierres suivantes sur le chakra de la tête : **Améthyste. Tourmaline violette.**

ÉLIXIR DE PIERRE

Vous pouvez aussi bénéficier de l'énergie vibratoire d'une de ces pierres ainsi que de ses précieux oligo-éléments en la laissant "macérer" une nuit dans de l'eau légèrement citronnée. À boire sans modération.

Plantes et Fleurs

PHYTOTHÉRAPIE

Iris d'eau. Violette.

■ A prendre le soir, une de ces bonnes plantes, en tisane, infusée 5 mn dans de l'eau bouillante.

■ Pensez aussi aux bonbons à la violette. À l'eau de toilette à la violette (**L'*Occitane***), à la racine d'iris pulvérisée qui fixe les odeurs des pots pourris.

AROMATHÉRAPIE

Huile essentielle de **violette, lotus ou lys**. 3 gouttes dans le bain du soir ou/et en massage circulaire sur Sahasrara.

FLORITHÉRAPIE

Élixir floral du Dr Bach n° 11 : **Elm** (Orme) qui active le chakra de la tête. 3 gouttes dans un verre d'eau à boire, fractionné, tout au long de la journée.

Magnétisme et Reiki

CELUI QUI PALPAIT L'AURA

La première fois que j'ai rencontré Jean-Claude Secondé (président du Centre Français du Magnétisme), c'était dans un Salon de Médecines Naturelles, à Paris. Le Reiki était encore dans les limbes et les photos Kirlian étaient, pour la première fois, exposées en France sur son stand.

Jean-Claude Secondé palpait l'aura de ses "cobayes" à mains nues. Mieux, il la dessinait sur un paper board avant de l'interpréter face à son patient et à son public. L'interprétation relevait davantage de la voyance que du diagnostic médical mais c'était néanmoins stupéfiant.

- *J'ai appris cette technique dans un monastère, en Angleterre, me dit-il et, comme vous pouvez le constater : ça marche* !

Cela marchait même tellement bien que, depuis Jean-Claude Secondé organise des stages de magnétisme et de palpation de l'aura et il affiche complet !

Belle reconversion… Mais aussi belle anticipation d'un "pionnier" qui, il y a 25 ans déjà, faisait du reiki sans le savoir !

Méditation et Postures

CRÉATION D'UN ŒUF D'OR

L'œuf d'or est la représentation même du corps causal auquel est relié le chakra n° 7. Il évoque le travail initiatique qui amène une renaissance, après une lente maturation. C'est pourquoi cette visualisation, revitalisera, à coup sûr Sahasrara.

Si l'image de l'œuf d'or est facile à créer psychiquement, la difficulté consiste à maintenir visuellement la couleur et la forme parfaite de l'œuf. Mais je vous fais confiance, vous y arriverez, ce n'est qu'une question de temps.

■ Visualisez une forme ovoïde autour de vous. Le périmètre de cette forme doit être distant d'un mètre cinquante à deux mètres de votre corps physique.

■ Visualisez un œuf d'or, brillant, éclatant et poli sur absolument toute sa surface. Maintenez cette image environ 30 secondes.

■ Renouvelez cet exercice chaque fois que vous sentirez que votre chakra n° 7 a besoin d'être revitalisé mais aussi, chaque fois que vous serez en but à une agression psychique ou occulte. En effet, réalisé correctement et un certain nombre de fois, cet exercice vous assurera un point d'ancrage permanent. Le seul fait d'y penser recréera la protection de manière instantanée. Avec la visualisation de l'œuf d'or, vous créerez un bouclier énergétique parfait.

> Attention ! Ni son, ni mantra, ni musique. Pour le chakra de la couronne : le silence le plus absolu.

TROISIÈME PARTIE

CHAKRAS ET MÉDECINES TRADITIONNELLES

Nous venons de *visiter* les sept principaux chakras, de découvrir comment ils fonctionnent et surtout comment les revitaliser quand ils donnent des signes de faiblesse. Pour nous aider maintenant à comprendre comment s'est érigé ce système, faisons un tour d'horizon des Grandes Traditions sur lesquelles il s'est construit :

- La médecine ayurvédique
- La médecine chinoise
- La médecine tibétaine
- La médecine tantrique

Pour conclure cette troisième partie, nous survolerons les nombreuses thérapies (il en naît chaque jour) qui sont censées : ouvrir, revitaliser, harmoniser nos centres d'énergies mais aussi celles qui s'adressent à notre aura dans sa globalité.

LA MÉDECINE AYURVÉDIQUE

Il s'agit du système de médecine de l'Inde qui sert de base, entre autres, à la médecine chinoise et tibétaine. C'est de la médecine ayurvédique ou ***médecine des védas*** (textes sacrés) que nous vient le concept des chakras tels que nous venons de les découvrir.

Cette médecine possède plusieurs techniques pour diagnostiquer les malaises selon : le pouls, l'apparence des ongles... et différents processus de désintoxication du corps à l'aide de plantes et de médicaments homéopathiques et qui inclut un régime alimentaire basé sur les goûts et leurs attributs.

Elle comporte aussi des postures de yoga selon le type d'individu et des mantras qui harmonisent le corps avec des sons.

C'est un type de médecine où le spirituel fait partie intégrante du traitement. Il est basé sur une théorie de cinq éléments qui offre de nombreuses similitudes avec le système chinois.

LES ÉLÉMENTS ET LEURS RÉGIONS

- **L'éther** est le premier élément. C'est par lui que le son est transmis. Ensuite, il est reçu par l'oreille pour être traduit par le langage.

- **L'air** est le second élément. Il est créé par l'éther et est relié au sens du toucher, par conséquent à la peau. Son organe est la main et son geste consiste à tenir.

■ **La lumière** est le troisième élément. Elle est générée, ainsi que ses dérivés : **la chaleur** et **la couleur** par la friction qui se produit dans l'éther. Son organe de prédilection est l'œil et son sens, la vision.

■ **L'eau et la terre** sont les quatrième et cinquième éléments. Ils sont produits par l'action du feu, lorsque certaines matières se dissolvent et se liquéfient : certaines forment l'eau, alors que d'autres se solidifient pour former la terre. L'eau est reliée à la langue, au goût ainsi qu'aux organes de reproduction. La terre est reliée au nez et à l'odorat ainsi qu'au processus d'élimination.

Les éléments sont organisés en trois régions ou doshas

VATA, représente le mouvement et s'associe à l'éther et à l'air. Cette région est responsable des actions du ***catabolisme*** dans notre organisme, c'est-à-dire du processus de dégradation des composés organiques pour les transformer en énergie (calories), les réactions chimiques à l'intérieur de notre corps ainsi que l'élimination des déchets et des toxines.

■ **Les organes qui dépendent de Vata sont :**
- le gros intestin
- la cavité pelvienne
- les os
- la peau
- les cuisses

■ **Sur le plan émotif, Vata est responsable :**
- de la nervosité
- de la peur
- de l'anxiété
- de la douleur
- des tremblements
- des spasmes

PITTA est la seconde région. Elle est formée du feu et de l'eau et est responsable de notre métabolisme, de la nutrition, de la digestion ainsi que de l'absorption et de l'assimilation des protéines.

■ **Les organes qui dépendent de Pitta sont :**
- le petit intestin
- l'estomac
- les glandes sécrétant la sueur
- le sang
- la graisse
- les yeux
- la peau

Elle est aussi responsable de la température de notre corps ainsi que de la coloration de notre peau.

■ **Sur le plan émotif, Pitta est le siège :**
- de la colère
- de la haine
- de la jalousie

KAPHA est la troisième région. Elle est formée de l'eau et de la terre.

■ **Sur le plan physique Kapha :**
- cimente ensemble tous les éléments de notre corps
- lubrifie nos jointures
- produit l'humidité nécessaire à la peau
- aide à la guérison des blessures
- maintient notre immunité

Kapha est aussi responsable :
- des sécrétions présentes au niveau de notre poitrine
- de notre tête
- de nos sinus
- de notre nez

■ **Sur le plan émotif, Kapha** est reliée aux émotions d'attachement excessif, d'envie et d'avidité.

Bien équilibrée, cette région produit :
- le calme
- le pardon
- l'amour

En ce qui concerne les maladies, celles-ci sont classifiées selon leur origine, plus précisément :
- psychologique
- spirituelle
- physique

ainsi que selon la région (Dosha) où elles se situent.

LA MÉDECINE CHINOISE

La médecine traditionnelle chinoise est basée sur la croyance que l'humanité fait partie de l'environnement naturel. Fondamentalement, pour être en bonne santé, il faut suivre les règles de la nature et nous adapter au changement des saisons et à notre environnement.

Bien qu'elle puisse paraître étrange, la médecine chinoise est basée sur le lien de la réalité matérielle de l'être et de sa relation avec la matière. Mais elle ne s'arrête pas là : elle incorpore aussi toutes les dimensions de l'être : physique, psychologique, mentale, émotive ou spirituelle.

LES DEUX ÉTATS

Pour cette philosophie, il n'existe que deux états : l'équilibre et le déséquilibre.

Être en équilibre, c'est :

- être en santé
- être heureux et prospère
- jouer un rôle productif dans la société
- avoir de la compassion pour les autres
- exploiter son plein potentiel

Être en déséquilibre, c'est :

quand l'une ou plusieurs des caractéristiques mentionnées précédemment manquent à l'appel, ce qui cause des problèmes, des maladies et des indispositions.

Le taoïsme est toujours en mouvement, et sa philosophie tient compte des principes de l'énergie. Une fois que nous avons assimilé les principes de l'énergie, il devient plus facile de comprendre le taoïsme.

LE YIN ET LE YANG

La théorie du yin et du yang est la pierre angulaire du taoïsme qui symbolise la mutation perpétuelle de l'énergie. Selon ce principe, nous trouvons toujours dans le yin un peu de yang, et vice versa.

Tout le monde connaît le symbole du yin et du yang c'est aussi la représentation graphique du taoïsme.

Le yin et le yang se définissent par opposition et par complémentarité l'un à l'autre.

Le yang représente :
- la force dynamique
- le soleil, l'été, le feu
- la lumière, la chaleur
- le ciel
- le haut
- le principe masculin
- l'activité, le positif
- le dur

Le yin représente :
- l'inertie et la passivité
- la lune
- l'hiver

- l'eau
- l'obscurité
- le froid
- la terre
- le bas
- le principe féminin
- le négatif
- le mou

Cette liste est en quelque sorte un guide qui nous permet de comprendre le principe fondamental des deux forces et nous fait connaître leur complémentarité. L'une ne peut exister sans l'autre, ce qui encourage et produit un mouvement perpétuel de transformations autour duquel gravitent notre existence et celle de l'Univers.

LE CHI ET L'ÉNERGIE ANCESTRALE

Chi est le nom donné par le système chinois à l'énergie dynamique présente dans tout ce qui existe.

Il existe trois sources de chi, dont deux sont issues du principe du yin et du yang. En effet, la tradition chinoise considère l'être humain comme un point de rencontre entre l'énergie yang du ciel et l'énergie yin de la terre.

L'être humain possède aussi un réservoir d'énergie qui lui est propre et que l'on nomme **énergie ancestrale**. Cette énergie est acquise au moment de la naissance et représente l'essence même de notre individualité. Elle porte en elle toutes nos qualités, tous nos défauts, tout ce qui contribue à faire de nous un être distinct et individuel.

Chaque personne reçoit donc :
- de l'énergie du ciel (yang) par la voie des poumons
- de l'énergie de la terre (yin) par la voie de l'estomac

Ces énergies se combinent à notre énergie ancestrale et le tour est joué, nous sommes en état de fonctionner !

D'après les traditions chinoise et tibétaine, la somme d'énergie ancestrale que nous recevons à la naissance indique approximativement la longueur de notre existence.

Par la suite, cette énergie prend la voie des méridiens, des canaux énergétiques dans lesquels circule, se transforme ou est emmagasinée l'énergie nécessaire au bon fonctionnement de nos organes.

Selon le principe du yin et du yang, l'énergie se divise en deux catégories :

- l'énergie nourricière (yin)
- l'énergie défensive (yang)

LES CHEMINS DE L'ÉNERGIE

La circulation de cette énergie vitale s'effectue quotidiennement selon un cycle immuable :

- Du méridien du poumon, elle passe au méridien du gros intestin, puis à celui de l'estomac d'où elle se dirige vers le méridien de la rate et du pancréas.

- De là, elle va au méridien du cœur, puis elle suit le méridien de l'intestin grêle et le méridien de la vessie, d'où elle passe au méridien des reins.

- Elle poursuit son chemin dans le méridien du maître du cœur pour continuer dans le méridien du triple réchauffeur.
- Elle emprunte ensuite le méridien de la vésicule biliaire pour, finalement, se trouver dans le méridien du foie.
- Après quoi, le cycle recommence : poumons, gros intestin, et ainsi de suite.

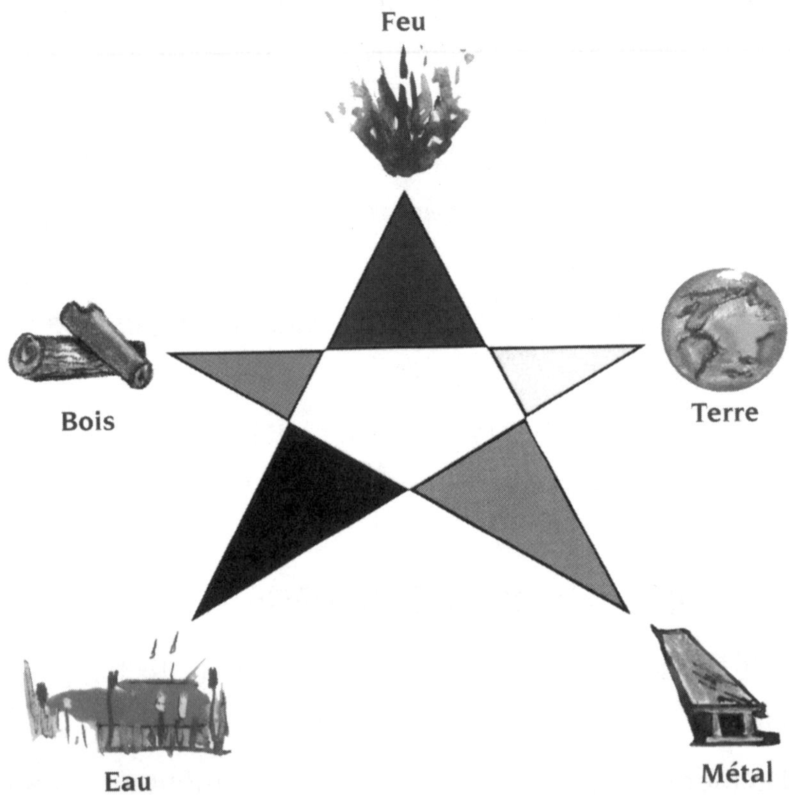

LES CINQ PRINCIPES OU ÉLÉMENTS

Les relations énergétiques entre les méridiens sont définies par une autre théorie qui s'appelle la **Loi des cinq principes** ou la **Loi des cinq éléments**.

Les cinq principes ou cinq éléments sont :
- le bois
- le feu
- la terre
- le métal
- l'eau

Ces éléments sont reliés à des cycles saisonniers :
- Le bois correspond au printemps.
- Le feu à l'été.
- Le métal à l'automne.
- L'eau à l'hiver.
- Quant à la terre, elle correspond aux dix-huit derniers jours de chaque saison.

DES CYCLES IMMUABLES

Cette loi des cinq principes considère que l'Univers et, par conséquent, l'être humain fonctionnent selon un cycle systématique qui se déroule en permanence selon les deux principes de base du taoïsme, le yin et le yang, des cycles d'engendrement et d'inhibition. Ces cycles régissent les rapports entre les cinq éléments. Chaque élément correspond à une couleur, à un aliment... Il est ensuite relativement simple de savoir comment pallier une déficience.

Pour illustrer ce principe, revenons au principe de base du yin et du yang :
- Le printemps conduit vers l'été en transformant l'énergie yin de l'hiver vers l'énergie yang de l'été.
- L'automne, change l'énergie yang de l'été en énergie yin de l'hiver.

C'est un cycle de mutation qui contient en lui les germes de sa propre transformation.

Ce même principe se calque parfaitement sur un cycle plus court d'une journée où le matin correspond au printemps, le midi à l'été, la fin de l'après-midi à l'automne et la nuit à l'hiver.

- Notre naissance et notre petite enfance correspondent au printemps,
- Notre jeunesse jusqu'à quarante ans à l'été,
- Notre maturité jusqu'à la retraite à l'automne,
- Notre vieillesse et notre mort à l'hiver.

CYCLES D'ENGENDREMENT ET D'INHIBITION

Nos cinq éléments souscrivent aussi au principe du yin et du yang par leurs cycles d'engendrement et d'inhibition.

Cycle d'engendrement

Le bois engendre le feu, qui engendre la terre, qui engendre le métal, qui engendre l'eau, qui engendre le bois, et ça recommence.

Cycle d'inhibition

le bois inhibe la terre, le feu inhibe le métal, la terre inhibe l'eau, le métal inhibe le bois et l'eau inhibe le feu.

CARACTÉRISTIQUES DES CINQ ÉLÉMENTS

Voici, à présent, les principales caractéristiques des cinq éléments de la médecine chinoise et leurs correspondances dans tous les domaines, tant physiques que spirituels.

LE BOIS

Cet élément est relié à la planète Jupiter. Sa saison est le printemps et sa direction, l'Est.

Le bois est aussi relié à un climat venteux et sa période du jour est le matin. Il est représenté par la couleur verte.

Sur le plan de la nutrition, lorsque nous devons rééquilibrer cet élément dans notre alimentation, les plats vinaigrés sont essentiels, particulièrement les marinades.

Au chapitre de la viande, l'agneau est recommandé ainsi que le pain de blé ou tout aliment contenant cette céréale.

Le bois régit notre foie ainsi que notre vésicule biliaire. Le sens qui correspond à cet élément est la vue : toute faiblesse aux yeux démontre un déséquilibre de cet élément dans notre organisme.

Sur le plan psychique, la perception et l'imagination dépendent du bois. Cet élément influence notre énergie principalement au niveau de l'extériorisation et de la mobilisation de nos forces énergétiques.

La susceptibilité et les tendances à la colère sont des marques de perturbation de cet élément dans notre corps.

L'harmonie et la sérénité sont le signe de la santé ; extérieurement, ces qualités se remarquent par l'élégance et la beauté.

LE FEU

La planète de cet élément est Mars. Sa saison est l'été et sa direction, le Sud. Quant au climat, il s'agit bien sûr de la chaleur. L'heure du jour qui correspond au feu est le midi. Sa couleur est le rouge.

En ce qui concerne la nourriture, l'huile et les graines de sésame sont recommandées ainsi que la volaille et le poisson. Le légume qui convient le mieux est le haricot. Notons aussi que tous les mets épicés contribuent à rétablir l'équilibre de cet élément lorsque le besoin s'en fait sentir.

Le feu régit le fonctionnement du cœur et celui de l'intestin grêle. Toutes les infections de la gorge démontrent un déséquilibre de cet élément dont le sens correspond à la parole.

Son influence psychique se fait ressentir sur les plans de l'intelligence et de la conscience. L'énergie qui provient de cet élément se manifeste dans la présence dont l'individu fait preuve ; quelqu'un qui passe inaperçu confirme un déséquilibre au niveau de cet élément.

Les traits négatifs associés à une trop forte présence de cet élément se manifestent dans la violence de l'individu ainsi que dans le goût très marqué, parfois excessif, pour les plaisirs des sens, sans retenue.

L'éclat est la qualité principale qui démontre un équilibre au niveau du feu et une des manifestations les plus tangibles de cet équilibre est la prospérité.

LA TERRE

La planète qui influence cet élément est Saturne. Le climat associé à la terre est l'humidité, car rien ne vaut cet état pour faire ressortir les odeurs de la terre.

Sa période du jour est l'après-midi et elle est représentée par la couleur jaune.

Sur le plan de la nutrition, le sucre est son ingrédient et, naturellement toutes les substances comme le miel, le sirop de maïs, la mélasse.

Cet élément est favorisé par le bœuf et par la grenouille, alors que pour les légumes, ce sont la pomme de terre et le maïs qui rétablissent l'équilibre.

La terre régit la rate, le pancréas et l'estomac. Les ulcères et les problèmes digestifs sont produits par un déséquilibre de cet élément dans notre corps. Le sens correspondant à cet élément est le goût.

Son influence psychique se manifeste au niveau de la mémoire et de la clarté de pensée. C'est aussi à ce niveau que son influence énergétique se fait sentir en permettant une meilleure répartition de nos ressources intellectuelles.

Un déséquilibre se révèle lorsque nous ressentons de l'anxiété ou que nous nous faisons du souci sans raison valable. Lorsqu'il est équilibré, cet élément apporte la circonspection et se traduit par l'abondance.

LE MÉTAL

La planète associée à cet élément est Vénus et sa saison, l'automne. La direction de l'élément est l'Ouest et le climat favorisé par celui-ci est sec. La période du jour correspondante est le soir, qui est représenté par le blanc.

Sur le plan de la nutrition, le poivre et les piments sont recommandés ainsi que le gibier à poil et le cheval. Le riz aussi est bénéfique pour rétablir l'équilibre de cet élément dans notre corps.

Le métal régit nos poumons ainsi que le gros intestin. Tous les problèmes respiratoires et d'élimination sont des marques de déséquilibre au niveau de cet élément.

Sur le plan psychique, il agit sur la volonté, la discipline et la rigueur. Son énergie se fait ressentir sur notre faculté d'intériorisation. La tristesse chronique indique un déséquilibre au niveau de cet élément.

Les qualités reliées à son équilibre sont : la clarté, l'intégrité et le sens des réalisations.

L'EAU

La planète de cet élément est Mercure. Sa saison, l'hiver et sa direction, le Nord. Le climat approprié est le froid et la période du jour, la nuit. Le noir symbolise l'élément eau.

Sur le plan de la nutrition, c'est le sel et la sauce soja qui lui correspondent ainsi que le porc et les crustacés en ce qui a trait aux protéines.

L'eau régit les reins et la vessie. C'est cet élément qui purifie le sang par l'entremise des reins et qui débarrasse le corps des toxines par l'action de la vessie. Tous les problèmes entourant ces organes sont le signe d'un déséquilibre de cet élément.

L'ouïe subit également l'influence de l'eau et l'influence psychique de celle-ci se fait ressentir sur le plan de la volonté. L'énergie provenant de cet élément joue un rôle prépondérant dans la concentration. Un déséquilibre est marqué par des angoisses et des peurs sans cause véritable.

La vertu principale qui découle de l'harmonie de cet élément est la rigueur, et la manifestation la plus apparente de l'harmonie apportée par l'eau se trouve dans la faculté d'écouter.

LA MÉDECINE TIBÉTAINE

La médecine tibétaine est l'un des systèmes médicaux les plus anciens encore pratiqués de nos jours. Largement inspirée par la tradition indienne ayurvédique du septième siècle, laquelle a été conservée intacte, le système tibétain s'est enrichi par des contributions provenant des traditions de Chine et de Perse.

La médecine tibétaine a aussi su conserver ses pratiques chamaniques prébouddhistes pour créer une médecine unique et incomparable qui tire profit de toutes les traditions avec lesquelles ses moines sont entrés en contact.

RÉTABLIR L'ÉQUILIBRE COSMIQUE

La médecine tibétaine est vraiment remarquable par l'amalgame de ses pratiques spirituelles, magiques et rationnelles visant la guérison du malade.

C'est une médecine holistique qui met l'accent sur la relation entre l'esprit et le corps, ainsi que sur le lien entre la personne et l'Univers ; son but ultime est de rétablir l'équilibre cosmique, tant à l'intérieur qu'à l'extérieur.

Comme pour la majorité des systèmes médicaux traditionnels, la santé est définie par un état d'équilibre, mais la médecine tibétaine a mis au point et raffiné ce concept à un niveau exceptionnel.

Selon la médecine tibétaine, le manque d'harmonie qui peut causer la maladie provient de facteurs se divisant en trois catégories :

1. Les facteurs naturels provenant d'une mauvaise alimentation, d'un changement de température ou de saisons.

2. les facteurs psychologiques provenant des activités quotidiennes, du travail, d'un état psychologique, d'influences astrologiques ou de forces invisibles.

3. Les facteurs spirituels reliés au karma et provenant d'existences précédentes.

Le traitement des effets karmiques constitue l'une des facettes exclusives de la médecine tibétaine.

D'après cette tradition, le karma suppose un lien entre le présent et les vies antérieures ; il existe donc une continuité psycho morale qui peut affecter l'être actuellement incarné et causer, par le fait même, un déséquilibre menant à la maladie...

LES TROIS MÉDECINES

Pour simplifier et rendre accessible les principes de la tradition tibétaine, nous les regrouperons en trois parties (la médecine tibétaine intègre d'ailleurs ces trois aspects dans sa pratique courante). Il s'agit de :

- La médecine dharmique ou religieuse.
- La médecine tantrique ou yoguique.
- La médecine somatique ou courante.

1. LA MÉDECINE DHARMIQUE

Pour la médecine tibétaine, les maladies qui émanent d'une source karmique – donc des maladies spirituelles –

demandent un traitement religieux qui, tout en guérissant les effets, s'occupera simultanément de la cause. Aucun autre système de médecine ne va aussi loin dans sa pratique holistique.

2. LA MÉDECINE TANTRIQUE

La médecine tantrique utilise des pratiques psychophysiques qui transforment les énergies vitales subtiles du corps et permettent ainsi la guérison de soi et des autres.

Cette forme de pratique produit souvent des développements psychiques assez spectaculaires.

À mesure que notre médecine occidentale découvre les origines psychosomatiques des maladies, les effets néfastes des émotions négatives sur la chimie de notre corps et le rôle de la foi ou des émotions positives à travers l'effet placebo, les techniques tibétaines pourront être d'une grande utilité et nous permettront de mieux comprendre la relation entre l'esprit et le processus de guérison.

3. LA MÉDECINE SOMATIQUE

Elle est largement basée sur la pratique indienne ayurvédique bien qu'elle incorpore aussi des notions provenant d'autres cultures et, naturellement, du Tibet. À savoir : le massage, les bains, les diètes, l'utilisation d'une pharmacopée de plantes, l'acupuncture…

Dans cette catégorie de médecine aussi bien que dans les deux autres, il est intéressant de noter que l'accent est mis sur le rôle interactif du praticien qui se doit d'être compatissant et sage.

Le degré de sa compassion et de sa sagesse est, dit-on, proportionnel à son habileté à guérir ses patients.

CONCLUSION

RENOUEZ LE DIALOGUE AVEC VOTRE CORPS

Nous voici au terme du voyage. Ce livre, j'en ai fait profession de foi dès les premières lignes, est avant tout un ouvrage d'initiation, un guide pratique qui amènera, j'en suis certain, ceux qui n'avaient aucune notion du rôle essentiel de leurs centres d'énergie à rétablir le dialogue avec leur corps et à faire un pas vers cette réunification essentielle corps/esprit garante d'une bonne santé morale et physique.

Quant à ceux qui sont (ou se croient) déjà familiarisés avec les énergies subtiles, ils resteront sur leur faim.

Je n'aborde, en effet ici :

- Ni la montée de la kundalini.
- Ni le concept d'illumination.
- Ni la fusion avec le divin dans la pratique du tantrisme de la main gauche (version orientale de la magie sexuelle).

Pourquoi ?

■ Parce qu'il s'agit de pratiques qui présupposent une adhésion parfaite à un système de pensée différent du nôtre. Un code qui implique :
- une hygiène de vie,
- une hygiène alimentaire,
- des degrés d'initiation progressifs.

■ Parce que ce sont des pratiques dangereuses (on en meurt ou on en reste idiot !) pour ceux qui se lancent sans avoir franchi les premières étapes.

■ Parce que tous ceux qui disent ou pensent le contraire sont affiliés à un mouvement sectaire qui ne voit dans ces pratiques incontrôlées que la manipulation mentale et l'aspect lucratif.

J'invite donc, ceux qui souhaiteraient compléter leurs connaissances, à consulter la bibliographie qui va suivre ou je leur donne rendez-vous pour un prochain volet, plus pointu, qui leur dévoilera des techniques progressives d'ouverture de leur champ de conscience.

Il faut savoir que les énergies sont comme le soleil :
- Bien maîtrisées : elles réchauffent et éclairent.
- Mal maîtrisées : elles brûlent et détruisent.

Tous les conseils prodigués dans ce livre visent à votre bien-être, à votre santé : ils ne peuvent que vous épanouir.

En revanche méfiez-vous de ceux qui, sous prétexte d'une initiation rapide et de pouvoir illimité vous incitent à jouer les Icare, vous y perdriez votre santé, votre vie et, pire encore, votre âme !

BIBLIOGRAPHIE

LA MÉDECINE DES CHAKRAS
Par le Dr J. Fontaine
Éditions Robert Laffont

L'AURA
Par David Tansley
Éditions Albin Michel

QUANTUM HEALING
Par le Dr Deepack Chropra
Berkeley Editions

NATURAL HEALING
Par Starck
Llewellyn Publications

CHINESE MEDECIN
Par le Dr J. Manfred Porket
Henry Holt Editions

TABLE DES MATIÈRES

Deuxième partie

Troisième partie

MULADHARA

SVADHISTANA

MANIPURA

कं
खं
गं
घं
ङं
चं
छं
जं
झं
ञं
टं
ठं
यं
ANAHATA

VISHUDDA

AJNA

SAHASRARA

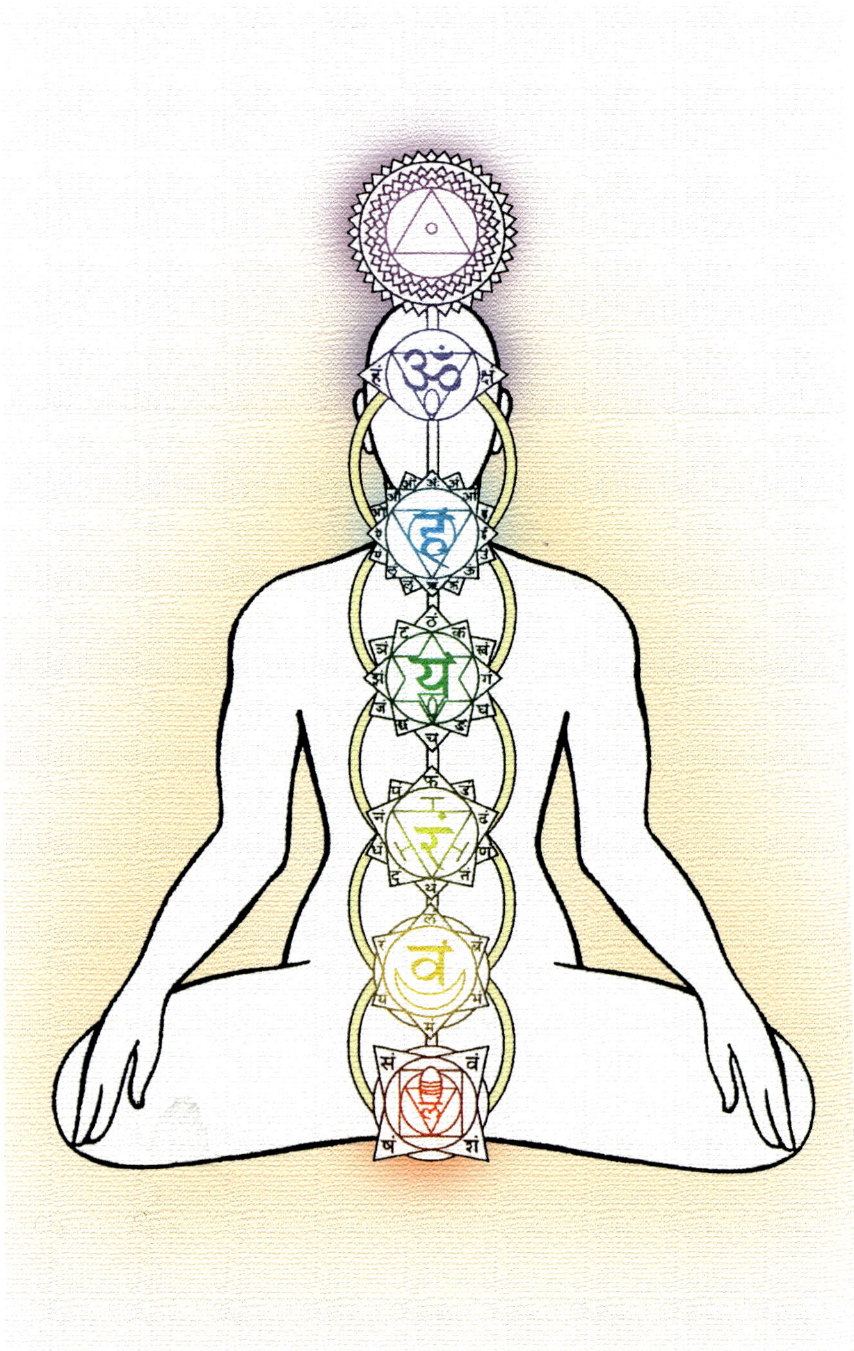